U0110450

古代歷史文化研究輯刊

二十編

王明蓀 主編

第21冊

西漢未央宮出土骨籤書法研究（上）

張嘉哲 著

國家圖書館出版品預行編目資料

西漢未央宮出土骨簽書法研究（上）／張嘉哲 著 — 初版 — 新
北市：花木蘭文化事業有限公司，2018〔民 107〕
目 6+154 面；19×26 公分
（古代歷史文化研究輯刊 二十編；第 21 冊）
ISBN 978-986-485-553-7（精裝）
1. 書法 2. 刻工 3. 西漢
618 107012003

ISBN-978-986-485-553-7

9 789864 855537

古代歷史文化研究輯刊
二十編　第二一冊　　　　　ISBN：978-986-485-553-7

西漢未央宮出土骨簽書法研究（上）

作　　者　張嘉哲
主　　編　王明蓀
總 編 輯　杜潔祥
副總編輯　楊嘉樂
編　　輯　許郁翎、王筑　美術編輯　陳逸婷
出　　版　花木蘭文化事業有限公司
發 行 人　高小娟
聯絡地址　235 新北市中和區中安街七二號十三樓
　　　　　電話：02-2923-1455／傳眞：02-2923-1452
網　　址　http://www.huamulan.tw 信箱 hml810518@gmail.com
印　　刷　普羅文化出版廣告事業
初　　版　2018 年 9 月
全書字數　89893 字
定　　價　二十編 25 冊（精裝）台幣 66,000 元

版權所有·請勿翻印

西漢未央宮出土骨簽書法研究（上）

張嘉哲　著

作者簡介

張嘉哲，1989 年出生於彰化，2016 年畢業於國立臺灣藝術大學書畫藝術研究所。曾於日本大東文化大學書道學科交換留學一年，具有長期的傳統書畫養成背景，並揉合現代書藝的美學觀，現階段創作以文字演變爲關注與實踐，考察當今文字在國族與書寫工具的複雜性與媒介革新，介於文字—圖像—字碼三者之間的相互辯證。目前生活於台北與柏林。

提　　要

　　骨簽爲近期考古發現的重要漢代銘刻類書法資料，反映漢代漢字的發展與變化，對於研究文字與書法表現有重要的意義，西漢首都長安城爲其出土地點，本論以未央宮出土骨簽爲主要研究對象，內容記載了地方工官向中央政府上交供皇室和政府使用的手工業制器、兵器等物品名稱、規格、紀年、各級工官到工匠名，爲中央級別的檔案材料。

　　骨簽的文字字相，其體系承接秦系文字，仍餘存篆意架構，大致隸意已相當成熟，反映篆隸過渡時期的特徵。而輕鬆率意的草化書寫反映在部分的文字寫法之中，暗示著後世成熟草書的符號化，考察其筆畫特徵，又與審美化的楷書筆法暗合，骨簽夾雜著多樣的書寫技巧，在書法發展中具有高度的藝術性。

　　透過探析西漢骨簽的文字構形、書法的用筆、體勢、章法與行氣等，可知西漢骨簽與秦漢書跡之關係十分密切，骨簽刀筆相生的特質，契刻的書寫意識如同毛筆筆意，大大翻轉了隨意契刻的模糊概念，而契刻的線質又反映硬筆書法自身的特性，在線條兩側可看見差異變化，部分幾何形的構件結體，亦是相異於毛筆書法的另一特色。

　　藉骨簽書法之研究，轉換爲篆刻創作面向的開展。將骨簽契刻書法的刀筆相生，與篆刻的概念與思想再連結，透過對骨簽書法線條與章法分析，以印從書出的藝術發展脈絡之下，期望篆刻中的「書法」可再被活化，同時使「契刻」在篆刻創作的語彙中有新的可能。

目次

下　冊

圖表目錄

表目錄

圖目錄

第一章 緒 論

第一節 研究動機

「契刻」，為文字記錄的古老方法之一；「文字」，從新石器時代的原始陶文中已具有「意符」或「圖畫」性質等具表意的雛形，從現今出土陶器可知，約西元前四千年前陶器中已有許多刻畫符號。刻畫技術已相當成熟的殷商甲骨文及西周時期青銅器普遍性使用，在今日留下了寶貴且藝術高度的文物。

筆者有幸在大學時曾赴東瀛交換留學一年，在書店無意間發現西漢骨簽書法書籍，清晰的照片及流暢的筆跡深深吸引筆者欲進一步地深入研究，契刻的方式與殷商甲骨在腦中做了緊密的連結，而骨簽文字的記載時間於西漢時代，同樣西漢時期的墨跡手書，如馬王堆帛書當中可窺見篆書的隸變及隸書草化的現象，從西漢墨跡出土以來，許多學者投入心血進行學術考察，研究成果甚豐，反觀器銘文字中自然刻寫的風格尚未被重視，對筆者而言，初次見到骨簽的神祕性與其書法表現加深了研究的動機。

東漢末以後書家出現，後世書法審美範疇多以書家風格為尊，對於古代記錄性質的實用性書法風格並非主流，直至清朝金石學家對碑學的大力推崇，古代銅鏡、泥板、封泥、瓷器、漆器、錢幣、印章器物等不同型態的漢字被加以重視，將器銘文字再度創造，轉化為自身藝術表現的參考媒介，不只填補了過往書法史的認識不足，也給後世的書藝創作者莫大影響。

本論文試圖以西漢骨簽為中心勾勒文字自然刻寫的書法藝術，從自然刻寫的角度與墨跡的表現進行對話，也試圖將契刻引入篆刻藝術的視野之內，

期望能激盪自我創作的不同思考面向。

第二節 研究目的

　　漢代是文字演變十分重要的時期，書法風格種類亦非常豐富，以往西漢書跡資料罕少，直到二十世紀大量的簡牘墨跡出土，使今人可以清楚明瞭文字演變的軌跡，骨籤的年代約可以從西漢初至西漢晚期，書寫形態相當接近墨跡的自然開張，大量的骨籤出土為後世書法愛好者在書法創作上提供了更多啟發。學者黃惇曾在《秦漢魏晉南北朝書法史》一書中提到：

> 骨籤是與西漢皇室相始終的文字記錄，完整反映西漢時期漢字的發展與演變，其風格更異於同時代的金石刻鑄文字，率意峻拔、線質瘦挺的自然書寫風貌，透過研究骨籤或可清晰窺見當時書法發展。更為神祕的是載體的選擇不採用當時的簡牘、木片而用了牛骨，讓我們想到殷商時期的甲骨文，到西漢以獸骨為載體的現象並未絕跡。〔註1〕

　　透過研究骨籤書法研究，期盼為筆者往後的創作帶來不同的思考元素，本論文於書法理論與實作中考察文字的演變與在當時的書寫情狀。主要目的如下：

（一）瞭解西漢骨籤的出土現況、形制、性質、內容及其時代背景。

（二）整理西漢骨籤與秦系文字體系的承接關係。

（三）探析西漢骨籤的文字構形。

（四）剖析西漢骨籤書法的用筆、體勢、章法與行氣等書法的藝術性。

（五）藉骨籤書法之研究，轉換為篆刻創作面向的開展。

第三節 研究內容

一、研究範圍

　　（一）《漢長安城骨籤書法》、《漢長安城未央宮》考古報告、《漢長安城武庫》考古報告與《漢長安城遺址研究》之骨籤資料

〔註1〕黃惇，《秦漢魏晉南北朝書法史》（南京，江蘇美術出版社，2009），頁121。

以木耳社出版之《漢長安城骨簽書法》為主，書中收錄中國社會科學院考古研究所編著《漢長安城未央宮》考古挖掘報告中骨簽的清晰放大圖檔，作者小原俊樹對每片骨片文字附上摹本，依據考古報告中的考釋判讀狀況進行標明。《漢長安城武庫》與《漢長安城遺址研究》分別收錄數片骨簽，字跡難辨，本論文只將考古資料做簡單介紹，日後待其他領域的學者先進行文字分析且進一步公佈清晰圖檔再進行分析。

（二）其餘骨簽資料

骨簽除收藏在中國社會科學考古所之外，亦被民間人士所私藏，數量不明，在本論研究期間中將盡可能收集相關資料，將整理表格置於附錄。

如《漢代文字考釋與欣賞》一書中收錄了作者宗鳴安收藏骨簽共十三片，未有考古編號，宗氏亦有附錄摹本以供參考，是本論文相當珍貴的資料。另外，《雙劍誃古器物圖錄》一書作者于省吾亦收錄漢日辰骨簽三十四片，目前邯鄲市博物館徵集了十一片。〔註2〕

（三）秦漢銘刻金文、陶文

骨簽的書寫工具尚未有相關的報告提出，但形制上與漢金文的書寫格式有相似之處，可作參照。書寫材質同屬硬筆文字推測骨簽之書寫工具，可針對秦漢此類硬筆書法作一整理。

（四）秦漢簡牘帛書

從骨簽的書寫風格可知在字相上與當時的簡牘墨跡十分相似，在同時代地域書風的比較上，亦需將秦漢時代的簡牘帛書列為參考依據，以便在書字與刻字之間的交互影響得到更全面的了解，進而作出相關議題的探討。

（五）篆刻概念與思想

將骨簽契刻書法的刀筆相生，與篆刻的概念與思想再連結，透過對骨簽書法線條與章法分析，以印從書出的藝術發展脈絡之下，期望篆刻中的「書法」可再被活化，同時使「契刻」在篆刻創作的語彙中有新的可能。

二、研究重點

（一）探討西漢骨簽與秦漢書跡之關係

硬筆刀刻書法在秦漢磚瓦與金石刻文上有多數例子可與骨簽做一脈絡的

〔註2〕陳斌與陳慧，〈邯鄲市博物館徵集的漢代骨簽〉，《文物春秋》（河北，文物春秋出版社，2012年），頁69～70。

爬梳，其書法特色豐富，有其承襲與遞變，墨跡中的許多寫法亦在骨簽有相同表現，試做整理與考察。

（二）整理骨簽文字中簡化、草體化現象

骨簽文字中出現多次熟練但寫法並不固定的草率寫法，結體有意識性的省略與簡化，使得筆順也產生改變。

（三）分析骨簽書法的筆法、空間概念與結體造型

從骨簽刻寫的特徵、結體、行氣、章法等書寫習性探討其書法藝術價值與重要性。

（四）由書寫工具的用筆意識探析西漢骨簽與其他書跡

墨跡的寫法爲當時書寫的眞實樣貌，自然刻寫一類的同時受著文字刻寫脈絡的影響，又受當時墨跡的影響，試以骨簽用筆意識比對其餘硬筆書法與墨跡書法的關聯。

三、研究限制

（一）出土數量與現有公開資料數量懸殊

骨簽出土至今二十餘年，尚未受到書法界重視，中國社會科學院考古專家劉慶柱、李毓芳等考古學者發表文字釋讀及內容探討，出土報告中對於文字狀況也未能詳述，僅刊載少數圖檔（五萬多字有刻字的骨簽只公開圖版約160 張），有關書法藝術的部分除日學者小原俊樹發表簡短論文之外，無更進一步的深入探討。

（二）字形細小、缺損多

由圖版觀察到骨片的字跡漫漶難辨、缺損多。骨簽書寫面積小，用筆簡率，不如毛筆書寫有明顯粗細，常見線條模糊不清楚之狀況。在分析骨簽結體、字相、筆法時，筆者將摹其字形以作相互參照。

第四節　研究方法

一、文獻分析法

（一）蒐集並閱讀有關骨簽發現概況與整理各項資料。

（二）瞭解骨簽形制、探討文字與釋讀等內容。

（三）深入先秦到西漢之書法史與藝術思想，並探究骨簽所處時代的社會文化背景

二、圖像比較法

（一）圖像資料庫

透過電腦高解析度掃描，並將文字建檔，方便研究時採樣，必要時亦進行摹本製作，得以放大書跡方便進行文字比對與分析。

（二）量化與質化分析

透過「字形表」作質化比較，探討不同媒材的相同文字之用筆、字形、結體等特徵，並將之量化分析。

圖 1-4-1〔註3〕　「骨簽字庫」電腦截取畫面：骨簽單字圖檔

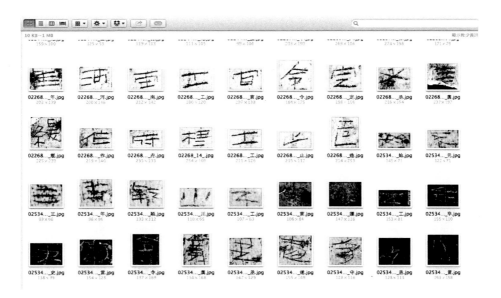

在檔案名稱中輸入單字的考古編號與釋文，運用電腦搜尋同一字，可使比對工作更加客觀。

〔註 3〕圖片來源，筆者製作。

圖 1-4-2〔註4〕　　「骨籤字庫」中「造」字電腦截取畫面

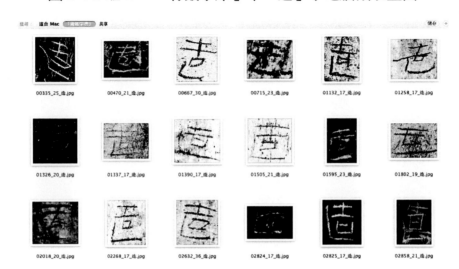

（三）模擬實驗法

　　以類似材質工具，實驗刻在印石或陶土，模擬骨籤書法特徵，深入體驗其藝術表現，以期在篆刻創作上有所助益。

第五節　主要引用資料分析

一、專　書

　　（一）中國社會科學院考古研究所，《漢長安城未央宮——1980～1989 年考古發掘報告》，北京，中國大百科全書出版社，1996 年 10 月。

　　本書是西漢首都長安城未央宮遺址 1980 年～1989 年的考古發掘報告，分為上下冊，內容豐富，材料完整而系統。主要包括未央宮遺址的勘探，當中刊載中央官署遺址中出土了大量的骨籤，此書有清晰完整的照片、考古編號及考釋，此外在前殿 A 區遺址所挖掘的木簡亦有清楚的照片可供比較與參考，有利於筆者進行研究。

　　（二）書譜社，《書譜——骨籤專輯第十九卷第三期》，香港，香港書譜出版社，2011 年 2 月。

〔註 4〕圖片來源，筆者製作。

　　本書收錄了數片骨籤彩圖，文字部分則有劉慶柱，小原俊樹，劉國能，于志勇等人對骨籤曾發表過的期刊篇章，附錄李學勤，宋鎮豪與劉慶柱與書譜社對於骨籤的訪談記錄，當中提出了許多研究者對骨籤的疑問，提供筆者寫作方向的參考依據。

　　（三）中國社會科學院考古研究所，《漢長安城武庫》，北京，文物出版社，2005 年 11 月。

　　本書爲漢長安城武庫考古專書，武庫是長安城內的中央兵器庫，位於漢永樂宮與未央宮之間，骨籤出土共三十一片，本論針對出土之武庫骨籤置於附錄供以比較以待做研究探討。

　　（四）宗鳴安，《漢代文字考釋與欣賞》，西安，陝西人民美術出版社，2004 年 2 月。

　　本書分爲七個部分，宗氏個人收藏的漢代文字進行考釋與欣賞，當中有十三片骨籤，分別詳細的介紹與考釋，加上照片與摹本。

　　（五）黃惇，《秦漢魏晉南北朝書法史》，南京，江蘇美術出版社，2009 年 1 月。

　　（六）華人德，《中國書法史──兩漢卷》，南京，江蘇教育出版社，2009 年 4 月。

　　此兩本分別介紹秦漢出土書蹟及骨籤的概述，其整理對本研究具有參考價值。

　　（七）李正宇，《敦煌古代硬筆書法》，蘭州，甘肅人民出版社，2007 年 6 月。

　　李正宇先生爲敦煌學學者，多討論敦煌硬筆書法及中國書法史觀研究，此書附編爲中國書法史觀革命與重建，從硬筆的角度考察新石器到秦代的硬筆書法。硬筆工具所展開的書法藝術光譜是過往少被提及與重視的面向，此書的多方研究提供筆者於書寫工具的啓發。

　　（八）邱振中，《筆法與章法》，上海，上海書畫出版社，2005 年 4 月。

　　此書爲邱振中先生以較爲客觀角度分析古代書跡，將其視爲圖像的一種技法發展，提出筆法各種可能的運動形式、筆法的演變脈絡、單字的連綴銜接關係、章法類型的劃分等等。提供筆者分析骨籤的筆法與章法的參考引導。

二、圖版資料

（一）劉慶柱與小原俊樹，《漢長安城骨簽書法》，東京，木耳社，2004年 10 月。

此書根據考古發掘報告，專題針對骨簽部分進行分類，系統的刊載原寸大圖版、放大圖版、釋文及作者手抄摹本，放大的圖版及手抄摹本利於筆者剖析當時的文字造型和判讀上的參考，進一步解讀骨簽。後面也附錄小原俊樹先生對於骨簽書法的研究結果，作爲此書的理論架構基礎，可作爲筆者論文的重要文獻資料。

（二）于省吾，《雙劍誃古器物圖錄》，北京，中華書局，2009 年 4 月。

此書爲《雙劍誃吉金圖錄》出版後續集，分爲金類、石類、玉類、甲骨類、陶類六大分類，由商時代到北魏之古器物圖錄。甲骨類中刊載三組骨簽，形制相當不同，可供筆者比對。考察骨簽實際使用年代、地點與功能。

（三）孫慰祖與徐谷富，《秦漢金文彙編》，上海，上海書店，1997 年 4 月。

秦漢時期的文字遺存，以簡帛、刻石、銅器銘刻、璽印封泥與陶文爲大宗，此書刊載了豐富的銅器銘刻，以刀器刻在銅器上的硬筆書法，編者將其風格與年代進行整理，筆者從銅器銘刻的書法文字演變，可供參考查閱比對。

（四）袁仲一，《秦代陶文》，西安，三秦出版社，1987 年 5 月。

此書收集豐富的秦陶文圖片，從挖掘的考古資料中，大致可分爲四種類別：第一類「物勒工名」和制陶地點等印陶銘文，此點與骨簽形制有相同之處；第二類是刻於瓦上的簡單的刑徒墓誌和其他文字；第三類是秦瓦當銘文；第四類是秦瓦量土的秦詔銘文。文字表現具有濃重的隸意，多展現自由簡樸的風格，反映了刻手不同的個性。對於筆者深入秦隸時期隸變現象的考察有莫大的幫助。

（五）西林昭一，溫淑惠譯，《中國新發現的書蹟》，台北，蕙風堂，2003年 10 月。

此書爲西林昭一先生帶有書法史觀點的角度、且有鮮明圖版的中國新出土書蹟介紹書籍。以淺顯易懂的文字以載體的不同分項介紹新出土的書蹟，對筆者了解出土書蹟對書法史建構的理解有所助益。

三、期刊、單篇論文

（一）林進忠，〈古代文字書法制作背景的綜合研究例〉，《一九九三年書法學術研討會論文集》，臺北，中華民國書法教育學會，1993 年。

此論文針對古代書法制作背景不同而區分爲四種「毛筆書法」、「硬筆書法」、「複製書跡」、「文字造型藝術表現」的概念也可以幫助筆者瞭解古代文字的書法實相。

（二）小原俊樹，〈骨籤の書法〉，《漢長安城骨籤書法》，東京，木耳社，2004 年。

此論依據考古挖掘報告，分爲骨籤的分類與書風、關於書寫與契刻、骨籤出土對現代書法的開拓三部分進行討論，嚴謹的學術態度與資料整理是研究骨籤書法的重要參考資料。

（三）小原俊樹，〈未央宮址出土の骨籤的研究〉，《福岡教育大學第五十一號－第五分冊》，福岡，福岡教育大學，2001 年。

此論爲小原氏在〈骨籤の書法〉一文發表前對骨籤的基礎研究，較詳細的從工官階級與未央宮出土的文物作整理，在書刻者角色與書體演變的推論上也有較基礎的研究。

（四）林進忠，〈西漢草書源起發展的考察〉，《藝術學報第七十一期》，臺灣藝術大學，2002 年。

針對居延、敦煌等地所見的墨跡簡牘，以蒐備西漢有紀年簡所排列成「章草圖表」爲主軸，自篆隸草化、隸草混用、章草成形，逐簡依年代序列排比，再依八分隸書、隸行、隸草、草書形體，分別探源析流、述其遞嬗。此論提供筆者在草書形體源流與變遷、增益校讀出土史料及其年代推定，頗有助益。

第二章　骨籤出土背景概述

　　本章介紹骨籤之背景，包括其出土的現況與其形制和發掘、書寫內容、年代背景梳理，以供讀者對骨籤有初步認識。

第一節　出土現況

　　近來新出土文物的大量發現，在書法史的架構中產生了莫大的變化與進步，如西林昭一說：「（前略）……這些出土文物全貌一旦披露出來，於書體變遷史，及提供書家創作的根源，必影響深遠。」〔註1〕，本節就骨籤出土現狀做概略敘述和探討。

　　據目前骨籤的考古報告和相關論文，漢長安城遺址發現骨籤地點主要有三處，現在均藏於北京的中國社會科學院考古研究所內。

　　（一）未央宮三號建築遺址。

　　共出土骨籤六萬餘片，其中有字骨籤有五萬七千餘片，無字骨片近萬片。

　　（二）武庫第四號建築遺址北房。

　　大多數無刻文，有刻文的共三十一片。

　　（三）漢長安城城牆西南角。

　　共出土骨籤兩片，一枚有字，一枚無字。

　　另外，非考古研究所團隊所挖掘出且未登記在任何考古報告中的骨籤，尚有私人與博物館收藏有：

　　（四）宗鳴安先生在《漢代文字考釋與欣賞》一書刊載骨籤十三片。

〔註1〕西林昭一，《中國新發現的書蹟》（台北，蕙風堂，2003），頁261。

（五）《雙劍誃古器物圖錄》骨籤三十四片。

此三十四片形制與用途與本論之骨籤不同，不在本論討論範圍中，將圖版刊載於附錄中。

第二節　形制與發掘

依出土地點不同骨籤形制也略有差異，以下概述骨籤的發掘與形制。

一、未央宮中央官署之骨籤

1985 年 12 月在西漢長安城未央宮三號建築中央官署（西安市未央區未央宮鄉盧家口村東）出土了約六萬多件的骨籤刻片，出土時主要分布於房屋牆壁周邊，推測應爲放置在靠牆而立的架子上。多出土於 F2、F3、F4、F5、F6、F9、F10、F11、F12、F13、F14、F15 及其附近。

圖 2-2-1〔註2〕　　未央宮中央官署遺址平面圖

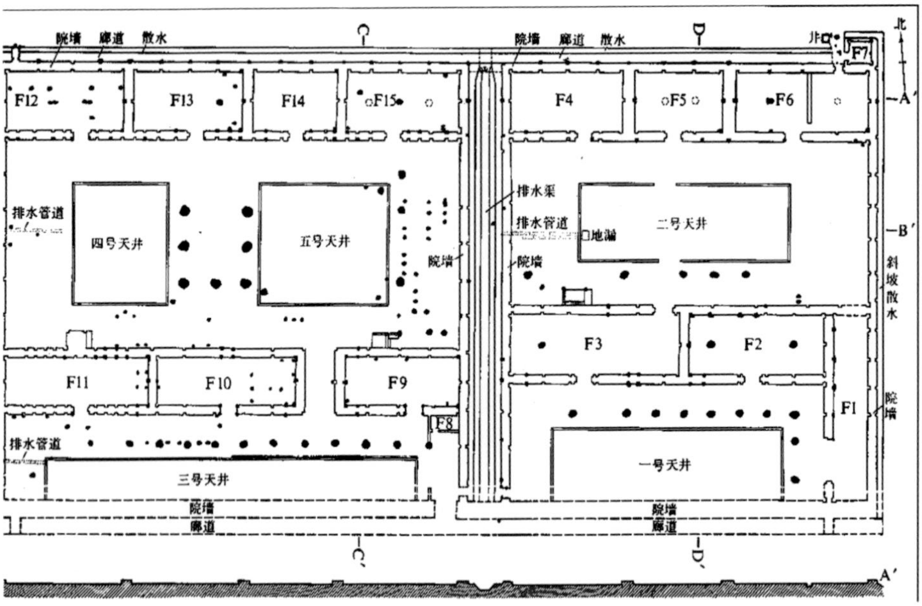

當中有刻字的骨籤多達五萬七千多件，骨籤主要以牛骨製作而成，顏色

〔註 2〕圖片來源，《漢長安城未央宮——1980～1989 年考古發掘報告（上）》（北京，中國大百科全書出版社，1996），頁 51。

以白色或黃白色者數量最多，尚有灰色、黑色和褐色的骨籤。骨籤大小相近，一般長 5.8～7.2 公分，寬約 2.1～3.2 公分，厚約 0.2～0.4 公分。形制基本相同，長條形的骨片，上、下端為圓弧狀，多數骨片上端較尖，而正面上部磨光為平面，骨籤文字均刻在正面，此面一般長約 3.5～4 公分，寬約 1.5～2 公分，正面下部截面為弧脊形，表面有豎行鋸痕，底部較尖。骨片半側呈半月形凹槽，骨籤只有一行刻字者，其凹槽在骨籤左側，骨籤有兩行以上刻者，其凹槽在骨籤右側，個別骨籤也有例外。骨籤兩個一對，每對骨籤由半月形凹槽位置相反的兩個骨籤所組成，背面相對，以繩綑綁，每對骨籤之大小、形制、顏色相同。

圖 2-2-2〔註3〕　　骨籤形制示意圖

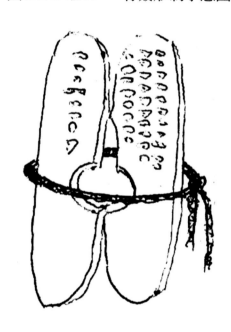

二、漢長安城武庫之骨籤

　　發現於長安城武庫第四號建築遺址北房（二號房）內，有的有被火燒過的痕跡。與末央宮中央官署骨籤相同，先將骨骼鋸割成長條形薄片，再進一步打磨加工成型。出土骨籤中有刻文共三十一片，其中兩片刻文已無法辨識，

〔註 3〕圖片來源，劉慶柱‧小原俊樹編著《漢長安城骨籤書法》（東京，木耳社，2004）頁 12。

形制可分爲兩型。

I 型：灰色或褐色，短而厚實，中部最寬，一側作出月牙形缺口。

I 型	Ia 型	正面上半部偏右處縱向起脊，斷面呈三角形，左側的大部分斜面磨光後以備刻文，右側的小部分斜面布滿鋸痕，正面的下半部平面呈舌形，表面布滿鋸痕；缺口朝左。背部較平，多暴露出針眼狀骨質，局部留有鋸痕。長 5.8～6.4 公分、最寬 1.6～2.1 公分、最厚 0.4～0.7 公分。
	Ib 型	正面上半部偏左處縱向起脊，斷面呈三角形，右側的大部分斜面磨光後以備刻文，左側的小部分斜面布滿鋸痕，正面的下半部平面呈舌形，表面布滿鋸痕；缺口朝右。背部同 Ia 型。長 5.6～6.7 公分、最寬 1.8～2.2 公分、最厚 0.4～0.6 公分。

II 型：白色或淡黃色，長而輕薄，偏上部最寬，一側作出圓形缺口。

II 型	IIa 型	正面的上小半部分平面呈舌形，表面弧起，磨光以備刻文；正面的下大半部分表面布滿鋸痕；缺口朝左。背面較平，有的凹下，布滿鋸痕。保存最長的殘長 7.8 公分，最寬 2～2.3 公分，最厚 0.3 公分。
	IIb 型	基本同 IIa 型，但缺口朝右。最寬約 2.3 公分、最厚約 0.3 公分。

三、漢長安城城牆西南角骨籤

共出土兩片，淺黃色，一片有刻文，一片無刻文。與其他地方出土骨籤一樣爲長條形獸骨薄片，上下端成圓弧形，上端較厚，下端最薄。

另外，《雙劍誃古器物圖錄》中三十四片骨籤中，共十一片爲邯鄲市博物館所徵集，專家初步推斷爲涉縣出土，應爲漢代陰陽五行家使用的器具，其中五片基本完整，其餘殘斷或殘缺。完整者長 11 公分、寬 1.4 公分、厚 0.3 公分。每片骨籤頂端刻畫兩條橫線，兩橫線間並列鑽有兩個圓心的圓圈，下端刻一條橫線，中間各刻字三個〔註4〕。此骨籤所指，與本論所指骨籤有所不同，僅置於附錄以供比較參考。

第三節　內容與性質

骨籤的內容可概分爲兩種。第一種爲物品代號、編號、數量、名稱、規

〔註 4〕陳斌與陳慧，〈邯鄲市博物館徵集的漢代骨籤〉，《文物春秋》（河北，文物春秋出版社，2012），頁 69。

格等，這一類骨簽多爲一行字，個別也有例外，字數少者兩、三字，多者七、八字。第二種爲年代、工官或官署名稱及相關各級官吏、工匠之名，這類骨簽一般爲二到四行字，字數少者十餘字，多者三四十字不等。有學者認爲骨簽刻文同時反映出漢代手工業「物勒工名，以考其誠」制度。功能與簡牘中「楬」、「符」的性質較相近。〔註5〕通過骨簽刻文內容研究，反映西漢時代的官制變化、手工業管理、軍工生產、書法文字等問題。分類舉例如下：

一、兵器名稱、代號及數量類骨簽

（一）兵器名稱類骨簽

（1）「服」類骨簽（例如 00041「服六石」）

（2）「力」類骨簽（例如 20144「力六石十九斤」）

（3）「大黃」類骨簽（例如 13143「大黃力廿石」）

（4）「乘輿」類骨簽（例如 00315「乘輿力十二石」）

（5）「射」類骨簽（例如 05232「射三百卅步」）

（二）代號及數量類骨簽

（1）「甲」類（例如 02779「甲三千四百九十」）

（2）「乙」類（例如 01121「乙二萬八百五十」）

（3）「丙」類（例如 00070「丙二百十一」）

（4）「丁」類（例如 00358「丁二千二百六十八」）

（5）「第」類（例如 00263「第四百五十八」）

二、工官或官署名稱類骨簽

此類可視爲記錄性文字，包括紀年和官吏、工匠的名字和職責，格式和銅器、漆器上的銘文一致，有學者認爲應是弩上銘記的「抄本」。至於爲何將弩上的銘文刻在骨片上，目前還無法得知。〔註6〕

〔註5〕華人德，《中國書法史——兩漢卷》（南京，江蘇教育出版社，2009），頁43。「楬」是作標籤的簡牘，可用來書寫某種物品的數量、名稱，在繫於該器物上面。「符」通常中分爲二，分存雙方，以爲憑信，對上即是「符合」。

〔註6〕吳榮曾，〈西漢骨簽中所見的工官〉，《考古》第九期（北京，中國社會科學院考古研究所，2000年），頁61。

（一）工官類骨簽舉例

西漢時代的工官是中央設在郡的官吏，主持官辦手工業生產的機構。[註7]

1、「河南工官」類

（例如 05247「元年河南工官令霸、丞廣成、作府渠、工惠造。」）

2、「南陽工官」類

（例如 04839「二年南陽工官令捐、護工賀、守丞萬年、作府嗇夫甫、亭長訥、甬工造、壬午。」）

3、「穎川工官」類

（例如 13448「二年穎川工官令貫、丞廣凌、守丞詛、佐中、尢工甲、工反造。」）

4、中央官署類骨簽

（1）「光祿」類

（2）「衛尉」類

（3）「少府」類

（4）「列侯」類

武庫骨簽內容與未央宮中央官署骨簽內容大致相同，只是所見中央官署類骨簽爲「考工」類，工官類除穎川工官、河南工官外，還有「河內工官」、「東平工官」、「武威工官」，另有「梗榆力類」。例如：

「考工」類：（鴻嘉元年考工制作工＼壽王繕嗇夫霸佐咸主丞暉掾放省）

「工官」類：（元始二年武國工官…＼掾林主…＼…省）

　　　　　　（東平工官六十六）

　　　　　　（五年河內工□）

「梗榆」力類：（梗榆力兩百斤）。

長安城城牆西南角出土的有刻字骨片有刻文豎書三列，爲筆畫較淺，不易釋讀，目前的釋讀只知最右行有「河南」等字，推斷爲河南工官骨簽。

骨簽的性質與用途，目前仍有許多爭議。整理學者對骨簽性質推斷如下表：

〔註7〕劉國能，〈我國最早的專門檔案檔庫——漢代骨簽檔案館庫〉，《中國檔案》，（北京，中國檔案雜誌社，2007年），頁50。

表 2-3-1　骨籤性質數種推斷整理表

性　質	內　容　說　明
供進檔案說	發掘者認爲骨籤主要是設在地方的中央工官向皇室和中央上繳各種產品的記錄〔註 8〕，數以幾萬計的骨籤，自西漢初期延續到西漢晚期，不少骨籤的保存時間在百年以上，應該說是被中央政府有意收藏的。這點也許是爲何選用骨片而不使用當時常見的竹木簡牘的原因之一。〔註 9〕骨籤並不屬於器物的「標籤」或「標牌」，應是郡國工官向中央政府或皇室「供進之器」的記錄〔註 10〕。把延續上百年的骨籤集中放在專門建築的地方保存起來，顯然具有檔案資料的性質。
標籤標牌說	骨籤的大小與形制，或是其文字內容皆說明其爲「物勒工名」的器物「標籤」或「標牌」。考古報告中所述骨籤以繩子通過半月形凹槽兩倆捆綁成對，作爲器物的「標籤」或「標牌」繫於器之上，進而認爲存放骨籤的中央官署爲存放武器的倉庫，即爲皇室或宮廷禁衛軍的武庫。〔註 11〕小原俊樹認爲部分骨籤或許有可能由各地工官刻製後作爲物品的標籤，綁在物品上送往未央宮保存。〔註 12〕
器物銘文抄本說	吳榮曾先生認爲，骨籤由內容來分析，可分爲二類。一類物品之代號、編號、物名、數量等，另一類爲記錄紀年、官吏、工匠名與職責，全部籤文皆是與弓弩有關的檔案資料。上述前者爲器物的標籤，後者爲弩上銘記之「抄本」。而爲何將弩上銘文轉刻在骨片上，則無法得悉。〔註 13〕劉振東、張建鋒先生在吳榮曾先生的觀點上進一步將內容分爲三類，一類記載物品的強度，一類爲物品的編號，一類爲年代、工官、官吏、工匠名。三類內容應會組合成一套使用，與器物相伴，繫於弓弩之上。〔註 14〕
登記存證說	華人德先生認爲，依未央宮三號建築形式大小，推斷爲宮中的一個皇室或禁衛軍的武器庫房。這些骨籤既不是檔案，也非作爲器物的「標

〔註 8〕 劉慶柱，〈漢長安城未央宮 1980～1989 年考古發掘報告〉（北京，中國大百科全書出版社，1996），頁 123

〔註 9〕 刑義田，〈漢代簡牘的體積、重量和使用〉，《地不愛寶》（北京，中華書局，2011），頁 20。刑氏提到汪桂海先生從漢簡文書內證明漢代有文書定期銷毀制度，約十年至十三年銷毀。由竹木簡牘文書體積龐大可知，若長期積放儲存空間必然造成問題。

〔註 10〕 李毓芳，〈略論漢長安城三號建築與漢代骨籤〉，《文博》（陝西，文博雜誌出版社，1993），頁 3～8。

〔註 11〕 趙化成，〈未央宮三號建築與骨籤性質初探〉，中國文物報，1995 年 5 月 14 日。

〔註 12〕 小原俊樹，〈漢長安城骨籤書法的研究〉，《書譜》第 102 期，（香港，香港書譜出版社，2010）頁 82～97。

〔註 13〕 吳榮曾，〈西漢骨籤中所見的工官〉，《考古》，2000 年第 9 期，頁 60～67。

〔註 14〕 劉振東、張建鋒，〈西漢骨籤的幾個問題〉，《考古與文物》，2006 年第 3 期，頁 58～62。

	簽」或「標牌」，骨簽一式兩份的用處應是領取物器時，一片骨簽給領取者，一片骨簽留在庫房。歸還器物時同時歸還骨簽，以便查收檢驗，確認骨簽所刻寫文字與器物款識一致，當器物在庫房保存時，兩片骨簽相背用繩索繫在一起。 骨簽刻寫文字以防止磨滅或更改，若有丟失、損壞或其他事故發生，可憑骨簽與登記冊進行追查。〔註15〕
骨弭殘片說	于志勇先生認為，若骨簽作為器物的標牌、標籤、檔案，就形態而言，有些地方並不能完整的解釋，從骨簽的形制、出土狀況、刻文結合各地出土的弓的實物材料判斷，骨簽應該是「複合弓」或弩弓上的部件，而且多部分可能是修理弓、弩弓之後廢棄的骨弭殘片，在弓弭處部貼骨質弓弭，使弭部更加結實穩固，刻文是在骨弭加工過程中或器物製成後，由管理人、負責核查的書手刻寫，于志勇更進一步推測未央宮骨簽出土的三號建築遺址是西漢中後期未央宮駐軍集中修繕、貯儲弓弩等的軍械庫。〔註16〕 邢義田先生指出居延出土的漢代箭杆刻辭與未央宮骨簽的內容中的監督者、製造者的職稱十分相似，文字風格也相近，應說明兩種器物為同一類種，可作為骨簽應為弓弩物件的佐證。〔註17〕
骨楬說	西林昭一通過研究漢代簡牘，從未央宮骨簽的形狀、刻文等角度認為骨簽應為簡牘中的「楬」〔註18〕。
校準樣本說	盧烈炎在其碩士學位論文，《漢長安城未央宮出土骨簽初步研究》中對上述諸多性質推斷進行不同看法，盧氏認為骨簽與骨質弓弭有一定的關聯，但並非骨弭本身或骨弭殘片，而是刻意截取的骨質弓弭末端，進而推論應為特殊的校準樣本，目的在於更換骨弭時及校驗弓弩張力時提供實物參考。〔註19〕

第四節　書寫年代背景

　　西漢未央宮的考古報告中，提到骨簽的出土文化層研判為西漢時代，骨簽刻文工官類骨簽有紀年或年號，為探討骨簽的具體年代提供了重要資料，有紀年的骨簽中分為有年號與無年號兩種，在有年號的最早可到武帝「太初」之年，接著有天漢、太始、征和，昭、宣二世缺元平、黃龍。最晚的骨簽有

〔註15〕華人德，《中國書法史——兩漢卷》（江蘇，江蘇教育出版社，2009）頁45。
〔註16〕于志勇，〈長安城未央宮遺址出土骨簽之名物考〉，《考古與文物》，2007年第2期，頁53。
〔註17〕邢義田，《地不愛寶：漢代的簡牘》（北京，中華書局，2011），頁65。
〔註18〕西林昭一，《中國新發現的書蹟》（臺北，蕙風堂，2003），頁16。
〔註19〕盧烈炎，〈漢長安城未央宮出土骨簽初步研究〉學位論文（西安，西北大學，2013），頁37～48。。

元帝永光三年，約在西漢晚期。其中，有記年無年號的年代推斷多數學者皆從文獻上推認爲是在武帝前期無年號期間。〔註 20〕由未央宮骨簽刻文可知紀年最晚下限當在西漢晚期。

　　而西漢時期的文字形貌相當多樣，雖少立碑，碑石可參考的文字面貌相較少數，各類的裝飾文字亦廣泛使用，如瓦當、印章、青銅金文等等，足見西漢時期的藝術成就。西漢文物中的書跡可分爲墨跡與非墨跡類，墨跡類包含帛書、簡牘、紙書、壁書和陶書。非墨跡類包括金文、碑刻、磚瓦銘文、印章。西漢時期的墨跡於字體演變史有重要意義，日常生活中文字的眞實樣貌，以及時間軸線上書法用筆與字體演變的軌跡。如秦漢時期篆意濃厚、結體較長的〈里耶秦簡〉等，結體用筆皆於篆隸之間的馬王堆帛書〈戰國縱橫家書〉等，隸意明顯、已具波挑傾向的〈張家山漢簡〉等，及時有隸書草化書寫的〈居延漢簡〉、〈敦煌漢簡〉等。西漢時期非墨跡的文字形體風格多樣，帶有裝飾趣味，例如金文、瓦當塼銘、石刻、鏡銘爲工匠所生產，工藝製作成分濃厚，不同的工匠有不同的文字美術處理表現，反映漢代文字的工藝審美特徵。西漢印章也有豐富的藝術表現，如將軍印及近來出土的長沙滑石印，風格皆天眞爛漫。

〔註20〕再引：吳榮曾，〈西漢骨簽中所見的工官〉，頁 60。指出宋劉攽認爲：「自元鼎以前之元，皆有司所追命，其實年號之起在元鼎耳」，即認爲元鼎四年時才有年號。楊樹達據王榮商之看法，以爲年號之起在元狩時。清沈欽韓以爲年號始于元封元年：「自此以上至建元，皆追改紀年之元」。三家的説法不一，但有一共同點，即都認爲武帝早期不用年號。

圖 2-4-1 〔註21〕　里耶秦簡

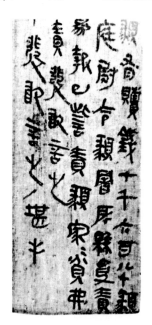

圖 2-4-2 〔註22〕　戰國縱橫家書（局部）

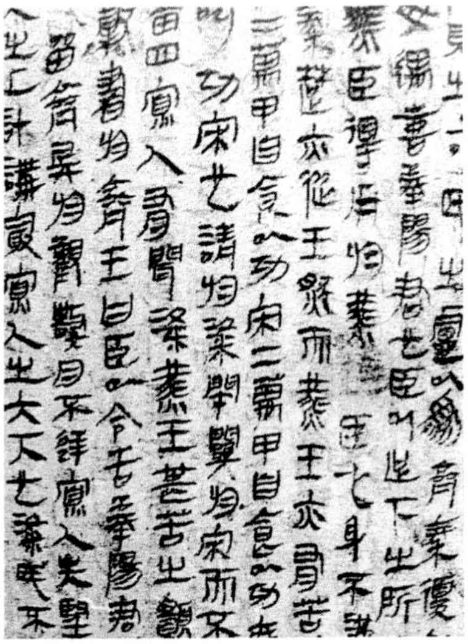

〔註21〕圖片來源，西林昭一編《簡牘名蹟選 1——湖南篇（一）》，頁 24。
〔註22〕圖片來源，西林昭一編《馬王堆帛書精選（一）》，頁 9。

圖 2-4-3〔註23〕　張家山漢簡

圖 2-4-4〔註24〕　敦煌馬圈灣漢簡

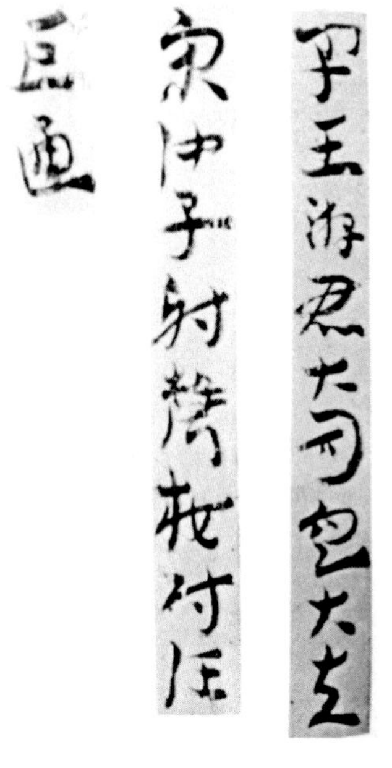

〔註23〕圖片來源，西林昭一編《簡牘名蹟選5——湖北篇（三）》，頁17。
〔註24〕圖片來源，西林昭一編《簡牘名蹟選7——甘肅篇（二）》，頁39。

圖 2-4-5〔註25〕　西漢刻石　　　　圖 2-4-6〔註26〕　西漢塼銘

圖 2-4-7〔註27〕　西漢瓦當　　　　圖 2-4-8〔註28〕　西漢鏡銘

圖 2-4-9〔註29〕　西漢將軍印　　　　圖 2-4-10〔註30〕　長沙滑石印

〔註25〕 圖片來源，黃惇編《秦漢魏晉南北朝書法史》，頁 77。
〔註26〕 圖片來源，黃惇編《秦漢魏晉南北朝書法史》，頁 108。
〔註27〕 圖片來源，西林昭一編《中國新發現的書蹟》，頁 233。
〔註28〕 圖片來源，西林昭一編《中國新發現的書蹟》，頁 231。
〔註29〕 圖片來源，徐慶華編《將軍印集萃》，頁 7。
〔註30〕 圖片來源，陳松長編《湖南古代璽印》，頁 55。

第三章 骨籤文字構形體勢分析

第一節 物勒工名與形體辨異

　　骨籤有許多相似的文字形體，若不仔細比較其筆畫長短、曲折、斷連或書寫方向，極易在釋讀造成混淆錯誤的情形。專書方面，目前除 1996 年出版的考古報告中已釋讀的釋文，還有劉慶柱、小原俊樹編著於 2004 年出版《漢長安城骨籤書法》一書中有進一步若干修正，學者們仍不斷進行後續的文字校勘。學術期刊與論文方面則有李均明在 1999 年發表的《漢長安城未央宮遺址出土骨籤瑣議》〔註 1〕對考古報告中若干不易辨識文字提出校正，2012 年張戈所發表《漢長安城骨籤校注》〔註 2〕有更系統性的校注，2013 年高杰所發表的《從漢長安城未央宮骨籤看河南工官的設置》〔註 3〕根據公佈的骨籤圖版參照已出土的簡牘材料，進行河南工官類骨籤的釋文訂補，及2015 年于淼所發表《漢長安城未央宮骨籤釋文訂補──以人物繫聯方式為中心》〔註 4〕，而這些學者分別在某些釋讀上存在分歧，當中「佐」、「冗」等字據通行體統一隸寫，不再區分寫作「伕」、「尤」等形。

〔註 1〕 李均明，〈漢長安城未央宮遺址出土骨籤瑣議〉，《臺大歷史學報》第 23 期（臺北，臺灣大學歷史系，1999），頁 337～346。

〔註 2〕 張戈，〈漢長安城骨籤校注〉碩士學位論文（北京，首都師範大學，2012），頁 12～75。

〔註 3〕 高杰，〈從漢長安城未央宮骨籤看河南工官的設置〉，《華夏考古》第 4 期（鄭州，河南考古所，2013），頁 78～85。

〔註 4〕 于淼，〈漢長安城未央宮骨籤釋文訂補──以人物繫聯方式為中心〉，《簡帛》第十輯（上海，上海古籍出版社，2015），頁 253～261。

　　于淼透過骨籤「物勒工名」的格式寫法，將重複出現和相對固定的人名做分組搭配〔註5〕，由相同的令、丞、作府、護工卒史、冗工、工等職名作連結以便分析存在分歧的骨籤釋文。此段筆者主要參考于淼所提出釋文訂補的例子，參照其他有關骨籤釋文的學術文章，以利討論，共有七組。

（一）

（編號 11031）　　太初三年河南工官守令武、守丞成、作府、佐關、工堯惠造。

（編號 10950）　　太初三年河南工官守令武、守丞成、作府、佐關、工堯閏□造。

釋文	初		武		堯	
字例						
	11031	10950	11031	10950	11031	10950
	00555	居延	居延	居延	11919	06651

　　1、10950「太初」，李均明原釋爲「太始」〔註6〕，透過比對之後，應爲「太初」。

　　2、10950「守令武」，李均明原釋爲「守令元」〔註7〕，于淼認爲應爲「守令武」，高杰則認爲應釋爲「守令定」〔註8〕，透過圖板比對，應爲「守令武」。

〔註5〕參見于淼，《漢長安城未央宮骨籤釋文訂補——以人物繫聯方式爲中心》一文。

〔註6〕李均明，〈漢長安城未央宮遺址出土骨籤瑣議〉，頁345。

〔註7〕李均明，〈漢長安城未央宮遺址出土骨籤瑣議〉，頁345。

〔註8〕高杰，〈從漢長安城未央宮骨籤看河南工官的設置〉，《華夏考古》，頁79。

3、11031「堯」與 10950「堯」作同形，考古報告將 10950 釋爲「土堯」〔註9〕，透過比對骨簽其餘「堯」字，與其餘骨簽堯字寫法雖不相同，寫法同秦漢墨跡，釋爲「堯」應無誤。

（二）

（編號 08265）　元鳳元年河南工官守令若秦、丞千秋、護工卒史安世、
　　　　　　　　作府嗇夫相、佐直、冗工充昌棣、工守造。

（編號 02632）　元鳳元年河南工官守令若秦、丞千秋、護工卒史安世、
　　　　　　　　作府嗇夫相、佐直、冗工充昌棣、工□造。

釋文	元	
字例	08265	02632
	元	天
		居延

此組合涉及的人物組合皆相同，由此可知年份亦同爲「元鳳元年」，考古報告釋爲「元鳳六年」〔註10〕，透過進一步比對墨跡「元」字寫法，確有如 02632 元字寫法，可知此處應釋爲「元鳳元年」，高杰比對圖版亦認爲應「元鳳元年」。〔註11〕

（三）

（編號 09109）　始元六年河南工官守令若秦、守丞畢、護工卒史不害、
　　　　　　　　作府嗇夫日、佐意、冗工充昌建成、工安世造。

〔註9〕中國社會科學院考古研究所編著，《漢長安城未央宮（1980～1989 年考古發掘報告）》，頁 107。

〔註10〕中國社會科學院考古研究所編著，《漢長安城未央宮（1980～1989 年考古發掘報告）》，頁 109。

〔註11〕高杰，〈從漢長安城未央宮骨簽看河南工官的設置〉，《華夏考古》，頁 79。

（編號 13358）　始元六年河南工官守令若秦、守丞畢、護工卒史不害、
　　　　　　　　作府嗇夫日、佐奉、冗工充樂柱、工政造。
（編號 06441）　始元六年河南工官守令若秦、守丞畢、護工卒史不害、
　　　　　　　　作府嗇夫日、佐相、冗工充昌略、工絡造。

釋文	六		
字例	09109	13358	06441

此組涉及的人物組合亦大致相同，考古報告一書將 09109 內容釋爲「始
元二年」〔註12〕，高杰由 09109 爲「始元二年」對照 13358，認爲 13358 應釋
爲「始元二年」〔註13〕，今據圖版比對，應誤。透過相同人物聯繫、墨跡圖
版、及確認 13358「六」字寫法，三者的交叉判斷 09109 應釋爲「始元六年」
無誤。

（四）
（編號 05247）　元年河南工官令霸、丞廣成、作府渠、工惠造。
（編號 07194）　元年河南工官令霸、丞廣成、作府勝、工夫仙造。
（編號 07566）　元年河南工官令霸、丞廣成、作府勝、工雙造。
（編號 08384）　元年河南工官令霸、丞廣果、作府勝、工秦造。

釋文	元			
字例	05247	07194	07566	08384

〔註12〕中國社會科學院考古研究所編著，《漢長安城未央宮（1980～1989 年考古發掘
　　　報告）》，頁 107。
〔註13〕高杰，〈從漢長安城未央宮骨簽看河南工官的設置〉，《華夏考古》，頁 80。

　　于淼此處將「丞廣成」作聯繫關鍵，再通過「作府勝」將上述四組放入一組比對釋文，由字表的圖版可確認皆釋為「元年」〔註14〕無誤。考古報告將 07566 釋為「六」〔註15〕、08384 釋為「五」〔註16〕，應誤。

（五）

（編號 09542）　二年河南工官令定、丞廣元、作府地、工甘造。

（編號 03662）　四年河南工官令定、丞廣元、作府滿、工方造。

（編號 09180）　四年河南工官令定、丞廣元、作府滿、工曾造。

（編號 08461）　五年河南工官令定、丞廣□、作府滿、工□造。

釋文	二／四			甘／方		滿		
字例	09542	03662	09180	09542	03662	03662	09180	08461
	二	四	四	甘	方	滿	滿	滿

　　1、透過聯繫「河南工官令定」的組合，考古報告將 09542、03662 釋為「二年」〔註17〕，觀察圖版，09542 應釋為「二年」，03662 可釋為「四年」無誤。

　　2、考古報告將 09542 工的名字釋為「甘」〔註18〕，于淼根據圖版認為應釋為「方」〔註19〕。

　　筆者觀察圖版，認為「方」字的寫法，在往左拉出的撇畫斜度應更往左

〔註14〕于淼，《漢長安城未央宮骨籤釋文訂補——以人物繫聯方式為中心》，《簡帛》第十輯，頁 256。惟于淼將骨籤 01484 放入此組做釋文校對，骨籤 01484 內容並非元年，應為誤植，故此處不予討論。

〔註15〕中國社會科學院考古研究所編著，《漢長安城未央宮（1980～1989 年考古發掘報告）》，頁 106。

〔註16〕中國社會科學院考古研究所編著，《漢長安城未央宮（1980～1989 年考古發掘報告）》，頁 105。

〔註17〕中國社會科學院考古研究所編著，《漢長安城未央宮（1980～1989 年考古發掘報告）》，頁 102。

〔註18〕中國社會科學院考古研究所編著，《漢長安城未央宮（1980～1989 年考古發掘報告）》，頁 102。

〔註19〕于淼，《漢長安城未央宮骨籤釋文訂補——以人物繫聯方式為中心》，《簡帛》第十輯，頁 257。

下方拉出，且 09542 橫畫的中間靠左有筆豎畫，應釋爲「甘」字。

　　3、考古報告將 09180 作府名字釋爲「潔」〔註20〕，于淼根據圖版認爲應釋爲「滿」〔註21〕，經筆者比對圖版，應可改釋爲「滿」無誤。

（六）

（編號 06549）	元鳳二年南陽工官、護工卒史鬼夫、守令充國、丞訢、令史廣脩、作府嗇夫御主、冗工辨、工快喜造甲。
（編號 08937）	元鳳二年南陽工官、護工卒史鬼夫、守令充國、丞訢、令史□、作府嗇夫御主、佐彭泪、冗工辨、工快京造甲。
（編號 08194）	元鳳二年南陽工官、護工卒史鬼夫、守令充國、丞訢、令史廣、作府嗇夫御主、佐彭祖、冗工辨、工快喜造甲。

釋文	鬼			充		
字例	06549	08937	08194	06549	08937	08194
	里耶	睡虎地	額濟納	里耶	居延	居延
釋文	國			快		
字例	06549	08937	08194	06549	08937	08194

〔註20〕 中國社會科學院考古研究所編著，《漢長安城未央宮（1980～1989 年考古發掘報告）》，頁 103。

〔註21〕 于淼，《漢長安城未央宮骨簽釋文訂補——以人物繫聯方式爲中心》，《簡帛》第十輯，頁 257。

		肩水金關	居延		

此組為年份相同，涉及的人物多有重疊，可聯繫為一組的南陽工官類骨籤，由「鬼」、「充」、「國」、「快」四字情形進行釋讀。

1、「鬼夫」，從李均明所釋。〔註22〕考古報告將 06549 釋為「富夫」、08937 釋為「惠夫」、08194 釋為「鬼去」〔註23〕，張戈皆釋為「惠夫」。〔註24〕「鬼」字由秦漢墨跡圖版觀察，下方寫法與心部確實容易混同。于淼認為若釋為「惠」字，惠字秦漢墨跡作，上方會有明顯的點或橫畫，認為應釋為「鬼夫」。〔註25〕

2、考古報告將 08194 釋為「克守」〔註26〕，應釋為「充國」。「克」字與「充」字在草化的寫法容易產生混同。「克」，甲骨文作、。秦璽印作，秦簡牘作（龍崗），馬王堆作、、，居延作，寫法不固定，居延的「克」字與「充」字差別在最後多了一筆。在這組南陽工官的聯繫之外，考古報告將骨籤 08047「令史克」〔註27〕，李均明認為據圖版作，應可釋為「令史充」〔註28〕，及另一例 13358 考古報告將冗工名釋為「克樂柱」〔註29〕，據圖版作，應可釋為「充樂柱」。

〔註22〕李均明，〈漢長安城未央宮遺址出土骨籤瑣議〉，頁 345。
〔註23〕中國社會科學院考古研究所編著，《漢長安城未央宮（1980～1989 年考古發掘報告）》，頁 111。
〔註24〕張戈，〈漢長安城骨籤校注〉，首都師範大學，頁 40。。
〔註25〕于淼，《漢長安城未央宮骨籤釋文訂補——以人物繫聯方式為中心》，《簡帛》第十輯，頁 259。
〔註26〕中國社會科學院考古研究所編著，《漢長安城未央宮（1980～1989 年考古發掘報告）》，頁 111。
〔註27〕中國社會科學院考古研究所編著，《漢長安城未央宮（1980～1989 年考古發掘報告）》，頁 112。
〔註28〕李均明，〈漢長安城未央宮遺址出土骨籤瑣議〉，頁 345。
〔註29〕中國社會科學院考古研究所編著，《漢長安城未央宮（1980～1989 年考古發掘報告）》，頁 108。

3、考古報告將 06549 工的名字釋爲「史」，于淼認爲應與此組其餘骨簽工名相同，當釋爲「快」字，比對骨簽字例與秦漢墨跡圖版，應無誤。

（七）

（編號13944）　始元五年穎川工官護工卒史春、令狀、丞福、掾廣、作府嗇夫淩友、佐審、冗工茂、工同造。

（編號13357）　始元五年穎川工官護工卒史春、令秋、守丞吉、掾主、作府嗇夫□□、佐□、冗工□造乙。

（編號13602）　元鳳二年穎川工官護工卒史春、令狀、守丞吉□福、掾主、作府嗇夫淩友、令史猜、冗工□、工目造。

釋文	狀	秋	狀
字例	13994	13357	13602
	額濟納		敦煌

聯繫穎川工官類骨簽共同的護工卒史「春」，13994 與 13602 的作府嗇夫爲同一人「淩友」，13357 與 13602 的掾亦爲同一人「主」，于淼推斷其中所涉及的令也是同一個人，應釋爲「狀」。〔註30〕令的名字，考古報告釋 13994 爲「狄」、13357 釋爲「秋」、13602 闕釋。〔註31〕李均明皆改釋爲「秋」。〔註32〕

釋爲「狄」或「秋」，則右部件從火，由居延墨跡可看到「狄」字作　，「秋」字作　，火的寫法因草化書寫迅速，字形上如「大」字，而表

〔註30〕于淼，《漢長安城未央宮骨簽釋文訂補——以人物繫聯方式爲中心》，《簡帛》第十輯，頁 260。

〔註31〕中國社會科學院考古研究所編著，《漢長安城未央宮（1980～1989年考古發掘報告）》，頁 114。

〔註32〕李均明，〈漢長安城未央宮遺址出土骨簽瑣議〉，頁 346。

中秦漢墨跡「狀」字右邊部件，有明顯的「犬」字可做釋文訂補的參考指標。筆者認為 13994 與 13602 根據骨簽圖版應可釋為「狀」字，13357 則不能確定，李均明所釋為「秋」較具說服力。

第二節　骨簽文字體系傳承

一、承襲秦制

秦始皇統一天下（B.C.221 年）後，罷用六國古文，以戰國晚期的秦文字施用於全國。統一僅十六年即滅亡。西漢（B.C.206 年～9 年），而「漢承秦制」，西漢的文字體系基本上承接了秦系文字而來。

秦代的代表性秦系文字多刻鑄在如《秦公鎛》、《秦子戈》等等器銘，漢代的銘刻沿用其結體特色，篆體風格較為鄭重端莊，骨簽在某些字例上亦有此表現，以下試舉數例。

圖表 3-2-1　秦漢銘刻與骨簽字例篆體間架舉隅

釋文	秦漢銘刻字例	骨簽字例		說　明
元	新量斗 兩詔橢量	12698 04899	02858 13476	「元」字的豎彎鉤，銘刻帶有婉約柔轉意味，骨簽轉折方挺直接。
川	酓川鼎	00667	13944	甲骨文作，秦漢銘刻三筆豎畫帶曲線，與甲骨文一致，骨簽亦有幾例相同表現。

利	大泠日利壺	04345 06780	08651 01595	「利」字在銘刻與骨簽的寫法一致。04345與08651刀部轉折曲度大，06780與01595轉折方挺。
步	步高宮高鐙	05738 11643	08647 11259	11643的「步」字結體偏長，最末筆稍作轉折後往下拉出，與器銘文字相符。
斤	陽信家鼎	03608 08675	05182 10371	「斤」字的表現皆與器銘文字相符，上部保留轉折的寫法。

| 定 | 秦封泥

中山內府銅 | 07658 | 09040 | 同時期的墨跡簡牘「止」的寫法已簡化，骨簽多數的寫法與墨書寫法相同，作，惟此二例與器銘表現相同。 |
| 立 | 秦詔權 | 08558 | 01337 | 「立」字上方兩筆左右寫出的寫法，與器銘文字相符，骨簽其餘「立」字已直接簡化成一筆橫畫，作。 |

　　刊刻的書寫意識中，因書者的學養不同，反映在骨簽文字的字相上，隸意已然成熟的骨簽偶見傳承著戰國時期的金文銘刻較爲端正規整一路的寫法，在上表的字例中轉折與曲筆皆有明顯特徵。整體而言，骨簽文字的字相帶有篆意間架的數量少許，僅反映在單字的部分構件。

二、隸意成熟

　　骨簽文字體系承襲秦制，秦國採取「罷其不與秦文合者」的文字政策，使得秦系文字的演變有著高度的延續性，隸變的過程，相較於六國文字的隸化，秦系文字結構保有許多相合之處。隨著西漢墨跡文物陸續出土，使隸變的軌跡更加清晰。總體來說，秦系文字在隸變的過程中，不斷的朝向規整化與簡化兩大方向進行，字形多不固定，寫法多變，但寫法逐漸簡易化是可以肯定的，有學者將篆書往早期隸書階段具有的明顯特點分爲文字寫法圖畫性減弱、符號性增強，化曲爲直的「筆畫平直化」，往下拉出的誇張主筆，變爲往左右拉出的「筆畫方向改變」、進而在分解、改造原寫法的過程中「產生新筆順」三點。〔註33〕此段舉例骨簽中許多字例，與秦墨跡文字做一檢證、觀察，了解在西漢時期的骨簽中隸書的表現已相當成熟。

〔註33〕鄭培亮，《一筆一畫──關於隸書的書寫狀態》（北京，榮寶齋出版社，2011）頁 22。

（一）筆畫寬扁化

「筆畫平直化」指的是婉曲的線條逐漸被拉成直線、弧線線條拉成斜向的直畫、圓圈被拉直成方框，筆畫長度縮短，使字形漸趨扁平。而結體的「寬扁化」在骨簽在文字形體演變上的主要特徵，也是線條平直化所帶動更進一步的結構特色。線條的平直化鮮明的反映出隸書已臻成熟的特點，在不同的書寫載體所表現出的特色也不盡相同，骨簽的字形與結體自然適勻，可以確信其字相骨架並未刻意規整飾化的情形，唯有用筆粗細變化線質有所差異。

本段試舉數例，可看出骨簽筆畫的平直化、往左右斜出的寫法讓字形更富「結體寬扁化」的特色，也顯出骨簽書手在極小的骨片上進行文字書寫技巧與意識。

圖表 3-2-2　骨簽寬扁化字例舉隅

釋文	墨跡字例	骨簽字例	說　　明
南	里耶秦簡	06441	「南」字骨簽的橫筆間距更為密集，橫畫明顯長於豎畫，形成寬扁字形的關鍵。
造	里耶秦簡	13602	「造」字的「辶」部在骨簽都以「L」形書寫，筆畫平直簡便，讓「告」的兩筆橫畫有空間延伸，「口」的造型呈三角形，壓縮了空間，是整字寬扁的要素之一。
黃	里耶秦簡	13143	「黃」字在骨簽的寫法當中，筆畫平直的現象強烈，橫畫往左右拉伸，維持同一水平，轉折的處理橫豎接近直角，最末筆與橫畫平行拉出，增強整字的橫向感。

丙 里耶秦簡	（墨跡字例）	（骨簽字例） 01163	「丙」字在字格骨架上，骨簽顯得寬扁，且轉折的豎畫往下後再往左，增加一橫向筆畫，內部的連筆寫法，也更顯得整字平行橫勢。
萬 里耶秦簡	（墨跡字例）	（骨簽字例） 00555	骨簽「萬」字的橫筆排列集中，點畫與撇畫已兩筆短豎畫表現，下部轉折行筆快速，直接往內切入，減少了往下伸展的空間成其寬扁字形。

（二）筆畫方向改變

筆畫方向改變指的是往下拉出的筆畫方向也漸漸變爲往左右斜出的筆畫，換句話說，影響整字動勢的主筆寫出的方向由往下變爲左右，橫畫的長度突破豎畫的長度，奠定日後波勢的形成。

圖表 3-2-3　骨簽筆畫方向改變字例舉隅

釋文	墨跡字例	骨簽字例	說　　明
川 嶽麓秦簡	（墨跡字例）	（骨簽字例） 13357 13355	「川」字三筆豎畫曲線弧度與走勢相同，骨簽 13357 三筆豎畫化曲線爲直線，且筆畫方向往左下寫出，13355「川」字往左勢寫出現象更加明顯，直線往下書寫尾端呈左拉上翹姿態。
第 秦簡	（墨跡字例）	（骨簽字例） 00263	「第」字在墨跡表現主筆往右下拉長寫出，整體字形狹長，相對骨簽「第」字橫勢強烈，字形寬扁，主筆筆畫方向左右拉伸。

令 里耶秦簡	14050	「令」字在墨跡表現主筆往下拉長寫出，相對骨簽「令」字主筆筆畫方向往左右開展，字形與墨跡相比較寬扁。
年 睡虎地簡	13601	「令」字相同，墨跡的主筆往下拉長寫出，字形呈狹長。骨簽「年」字橫畫排列密集，字形寬扁，骨簽主筆拉出方向為左右拉伸，橫畫主筆出現成熟波勢。

（三）產生新筆順

　　影響「形成新筆順」是從對字形的分解、改造點畫的過程，相伴著筆順變化，省略或合併結體的運用讓新的筆順約定俗成地被採納為後世沿用。

圖表 3-2-4　骨簽產生新筆順字例舉隅

釋文	墨跡字例	骨簽字例	說　　明
史	青川木牘	13358	「史」字甲骨文作 ，以又持中，青川木牘作 ，中與又筆畫粘合，骨簽追求書寫的便捷，粘合更加自然，影響「史」字寫法。
定	馬王堆	02268	「定」字，從宀從正，在馬王堆的表現「正」字上方橫畫與下方部件分離，下方部件骨簽 02268 筆畫有簡省的情形。
百	馬王堆	02972	「百」字在墨跡與骨簽寫法不同之處在於下方兩筆豎畫的書寫順序，骨簽 02972 下方部件右上橫豎筆畫自然連寫。

由以上分析可知，骨籤的隸書表現有以下幾點：

（1）橫畫與豎畫的長度比，橫畫長豎畫短。骨籤使用硬刀刻寫，橫畫無明顯粗細，多筆橫畫的排列緊密，縮減內部空間，呈現字形寬扁。

（2）筆畫的方向改變，如帶有勾筆的豎畫，從轉折處的處理，往下書寫短豎畫後，因行筆迅速會往左帶出，增加了橫向感。

（3）點畫與撇畫，以短豎畫表現，或以連筆簡省筆畫，單字動勢一致。凸顯動勢的主筆由往下趨於往左右寫出，橫畫有時出現明顯波勢。

（4）對篆書筆畫和部件的解體與改造，產生新的寫法與筆順。

　　骨籤字例表現出篆隸字體過渡的情形，這種情形在戰國晚期青川木牘即有，青川木牘爲目前發現秦簡牘書法中最早的墨跡，用筆精到從容，已表現出由篆到隸過渡的特點。骨籤的文字體系傳承秦系文字，其篆隸過渡的典型特徵爲一方面結體仍有篆書結構，另一方面隸勢已備，橫畫的波勢在字裡行間皆可看到其氣息，保留篆書結構的同時，圓轉便爲方折的用筆特色也清晰可見，夾雜在篆、隸之間的特點使得整篇鮮活，不失和諧。另一方面，睡虎地秦簡也有超長斜畫拖曳之筆，筆畫平直拉出、對篆書結構的改變等表現顯示出篆隸是一脈相承，隸書在篆書墨跡的書寫情狀中，用筆、字形緩慢演變醞釀的一個新書體。

　　金石銘器出於製作功能，文字刻寫的風格雖然不能作爲當時毛筆書法用筆的實際樣貌，書法字體演變的進展中，結構與用筆與墨跡相比，無疑有著一定的滯後性。考察骨籤文字的樣貌，其隸化程度顯然不少於墨跡的表現，反映出當時書寫的實際樣貌。隸意成熟的同時，書寫態度更爲輕鬆自然，筆畫的省略、寫法解體重構，許多構件的草化寫法更暗示著後世草書符號的形成。

第三節　骨籤文字寫法考察

一、單字構件

（一）「口」部

　　骨籤書寫自然流暢，在「口」的寫法並不固定，亦反映在「日」字的寫法，在同時期的墨跡類似的例子數量非常多，以下由「石」、「昌」、「百」三字分別探討。

圖表 3-3-1　骨籤與墨跡口形寫法舉隅

石				
秦漢書跡寫法字例				
甲骨文	睡虎地簡	南陵鍾	馬王堆	居延

說明	「石」，在甲骨文中多作 型，後來寫法大約一致，左右兩邊往上突出的情形在漢代漸弱，且在居延的寫法更加簡率，「口」字形狀接近三角形。

骨籤寫法字例				
07353	00495	00359	09448	13274

說明	骨籤「石」字的「口」形表現多樣，與甲骨文的「口」形寫法相同的如 07353「石」字，與睡虎地、馬王堆墨跡的「口」形寫法相同的如 00495、00359「石」字，「口」的四角並不垂直方正，以及如居延近三角形的寫法，如 09448、13274「石」字。

昌						
秦漢書跡寫法字例						
甲骨文	秦陶文	秦陶文	秦璽印	富貴昌宜侯洗	銀雀山	居延

說明	「昌」，唱之初文，從日從口。裘錫圭認爲「昌」字最初可能是日出時呼喚大家起身幹事的叫聲，這種叫聲大概多數有一定的調子，是歌唱的一個源頭。〔註34〕從秦陶文口字中間加一點訛化爲日。且寫法簡率，化曲筆爲折筆。秦璽印更加工整，嚴格對稱，我們可以注意的是在「昌」字上方的寫法在西漢居延時有較明顯的改變，上下的「日」字大小差距變大。

骨籤寫法字例				
06441	08181	08500	09109	04899

〔註34〕裘錫圭，《說字小說》，《古文字論集》（北京，中華書局，1992），638～651 頁。

說明	筆者由骨籤挑出寫法較具差異五例做討論，與書跡做相較下骨籤書寫面貌豐富，「昌」字由兩個「日」字構成，上與下的日字寫法不一定一致，明顯的如 06441、08181「昌」字上面「日」字作 ，在右上轉折處一筆順勢往下，下面「日」字作 ，右上轉折處則以兩筆寫成，個別起收。其餘如 08500、09109「昌」字上下「日」字斜度不同，04899「昌」字上下「日」字寫法皆同。

百						
秦漢書跡寫法字例						
	士上尊	扶侯鐘	青牘	百卅二磚	馬王堆	敦煌

居延 (last column continues)

說明	「百」，可看到在青牘還殘留商周金文左右兩邊往上突出的情形，反觀漢代磚文極為簡率，與骨籤的表現十分相似。另外，在敦煌及居延也出現類似的簡率寫法。由以上可得知，在骨籤所處的年代，書寫簡便。「口」字旁的寫法寫成近三角型的寫法亦多見。

骨籤寫法字例					
	09769	06250	01163	02257	09682

說明	骨籤「百」字橫畫皆拉長，左右伸展，而下方部件寫法如骨籤「石」字一樣，存有左右兩邊往上突出，如 09769、06250「百」字的寫法在甲骨文、金文可見，01163、02257「百」字與馬王堆墨跡寫法相同，及 09682 作三角形。

（二）「言」部

　　骨籤有多例「言」部的單字，有「護」、「謝」、「訢」、「訥」、「詛」、「詣」、「誼」、「談」等字，以下取「護」、「謝」兩字分別探討。

圖表 3-3-2　骨籤與墨跡言部寫法舉隅

護					
秦漢書跡寫法字例					
	漢印徵	漢印徵	元康雁足鐙	居延	居延

居延 (last column)

說明	「言」的寫法在甲骨文作 ，從舌，上部一筆具指事作用，後上部再加上一橫畫爲飾作 ，往後書寫上漸趨圓轉，秦隸書有了顯著的變化，將口上面的各筆劃分離且拉直筆劃，使書寫的便利性增強。如「護」字在居延中「言」部有四筆橫畫與口形、三筆橫畫與口形，及簡化至以一筆豎畫往下帶後往右勾起的寫法等。
骨籤寫法字例	06549　　　08500　　　06441　　　04839　　　08194
說明	骨籤「護」字的「言」部表現皆以橫畫加上口字爲主，橫畫數至多三畫、至少兩畫。骨籤中的「護」字亦有類似的草體化表現，將會在草化的章節進行分析討論。

謝

秦漢書跡寫法字例					
	說文篆文	磚文	居延	居延	居延

說明	可看出說文篆文「謝」字「言」部有著較圓轉的寫法，書跡寫法將圓轉筆劃拉直作爲四筆橫畫，或如上表「護」字橫畫數爲兩至三筆。居延多以更簡易的、草體化的寫法。

骨籤寫法字例	02825　　　12698　　　02858　　　04684　　　09040
說明	由「護」與「謝」的「言」的寫法差異主要在橫畫數的繁或省。骨籤「謝」字在現已公佈的考古資料中共五例，其「言」部如 02825、12698 作四筆橫畫加口部，口部寫法也跟著筆畫連帶影響，02858、04684 做三筆橫畫加口部，09040 作兩筆橫畫加口部，對照當時墨跡，兩畫到四畫橫筆的寫法皆有，不影響「言」部的判別。

（三）「宀」部

「宀」部原作「⌂」或「冖」，像屋宇外形。其左右兩側垂下、或有彎折筆，均沿用至戰國時代。「宀」的寫法在秦漢時期普遍書寫簡便的情形下，少一筆畫或與別的筆劃併筆、從曲線爲直線、筆畫方折、字形趨向寬扁是常見的現象。

圖表 3-3-3　骨簽與墨跡宀部寫法舉隅

定				
秦漢書跡寫法字例	侯馬盟書	秦印	秦簡牘	馬王堆	居延
說明	「定」字，從宀從正，在秦印仍能看到下方筆畫均衡，字體規整，有時正上多一飾筆，在戰國時代皆已出現，馬王堆仍有幾例這種表現，整體而言，筆畫由曲線變爲直線，更加簡率。				
骨簽寫法字例	12465	07658	09180	08461	01132
說明	骨簽「定」字寫法結體大致寬扁。如秦印寫法的有 07658「定」字。「正」字上方多飾筆者有 12465「定」字，「宀」部寫法大致與秦漢書跡相似，左右豎畫垂直拉下或呈梯形者如 07658、01132、08461，往同一方向拉下呈平行者如 12465、09180。「宀」上方未有點畫者有 12465、07658、01132「定」字。				
官				
秦漢書跡寫法字例	漢金文	漢陶文	秦簡	馬王堆	
說明	「官」字，《說文》：「吏，事君也。从宀从𠂤。𠂤猶眾也。此與師同意。」許慎說解均誤。西周金文作𡦦，𡊊象並列圓形房屋。𠂤即古堆字，作𠂤。秦漢的書寫更加簡便，居延裡也有類似寫法。 「宀」部在秦漢時期書跡構型大致相同，左右往下拉長，銘刻文字在「宀」最上方的點並不明顯，墨跡則與𠂤接近相連。				

骨簽寫法字例	01132	01505	01514	13355	01326

說明	骨簽「官」字表現多樣，「宀」部大致與墨跡相同，左右豎畫有垂直往下者，如骨簽 01505、01132、01514「官」字，左右豎畫往下的長度大致均等，亦有平行斜線者，如 13355、01326「官」字「宀」部左右豎畫往左寫出，長度亦不均等。「宀」部的上方的點畫方向有往下、往左、或與 相連的特徵。

安

秦漢書跡寫法字例	秦金文	秦簡牘	馬王堆	居延	居延

說明	「安」字甲骨文作，為女子安居于室內之形，又作，女子下旁加一小筆，其意不明。在秦簡牘中仍可看到，到西漢馬王堆此筆仍存，居延中此筆多已不寫。結體趨於寬扁情形相當明顯，「女」字的斜度改變是其關鍵，在秦簡牘明顯往右下，馬王堆則往右平行寫出。「宀」部的寫法秦漢書跡變化差距不大，居延的字例可看出「宀」部上方的點與下方的「女」有相連情形。

骨簽寫法字例	13099	09109	05294	02632	07658

說明	骨簽 05294「安」字「女」字部件如秦簡牘「女」字旁多一筆的表現。本表舉例的骨簽「安」字「女」字姿態各異且活潑靈動。「宀」的寫法與秦漢墨跡寫法大致相似。左右豎畫垂直拉下或呈梯形者如 13099、09109、05294，往同一方向拉下呈平行者如 02632、07658，「宀」上方的點與「女」做一筆相連的有 13099、02632、07658。「宀」上方未有點畫者有 05294「安」字。

守					
秦漢書跡寫法字例					
	秦印	秦簡牘	秦簡牘	漢金文	馬王堆	居延
說明	「守」字從宀從寸，如本表所舉例的寫法而言，秦漢時期「寸」字表現以秦印最爲工整均衡，秦墨跡簡牘「守」的字形長寬隨意，漢代則趨於扁平，馬王堆「守」字宀上方的點與下方的「寸」或爲一筆連接書寫，在居延簡中草體化現象的現象「宀」上方的點畫與寸相連情形更加清楚。				
骨籤寫法字例	\n13601	\n06441	\n09109	\n13476	\n13357
說明	骨籤「守」字寫法簡率，簡單的筆畫中有不同的風格表現，如 13601、06441、09109「守」字結體寬扁，富有成熟隸書感覺。13476、13357「守」字則行筆流暢。「宀」部寫法大致與秦漢書跡相似，左右豎畫垂直拉下或呈梯形者如 13601、09109、13357，往同一方向拉下呈平行者如 06441、13476，其「宀」上方的點與「寸」做一筆相連。「宀」上方未有點畫者有 13601「守」字。				

（四）「竹」部

「竹」部在秦代墨跡寫法中保有「竹」字篆意寫法，作 。在隸變的過程中寫法簡便，常作 。

圖表 3-3-4　骨籤與墨跡竹部寫法舉隅

節					
秦漢書跡寫法字例					
	睡虎地簡	漢帛書	漢金文	漢金文	居延
說明	「節」字在看到秦到漢初時期的墨跡乃至漢金文依然保有「竹」部篆意寫法。往後居延明顯趨向簡便、快速，與「第」字「竹」部寫法同作 。且字形趨於寬扁，居延「節」字點畫行進之間絲毫不拖泥帶水，最末筆不如秦漢墨跡一般拉長。				

骨簽寫法字例	 08500	 13355

說明	骨簽「節」字在「竹」部寫法作〢，與秦漢書跡比較與居延較爲相同，「卩」的豎畫不刻意拉長，整體字形寬扁。

第

秦漢書跡寫法字例					
	陽信家鼎	秦簡牘	居延	居延	居延

說明	「第」字與「節」目前通用的部首歸在「竹」部，在陽信家鼎與秦簡牘中「竹」部寫法與「艸」部相同，仍保留篆意的寫法，往後如居延中簡便書寫將「竹」部寫法作〢。下面的「弟」，說文段注：「韋束之次弟也。」以韋束物之意，秦漢寫法繁簡不一，但大致不脫本義。「弟」的豎畫在秦簡牘很明顯往右下寫出，在本表所舉例的居延「第」字有往右下寫出，亦有直接往下、撇畫往左，及豎畫作撇往左下寫出，接著點畫往右的寫法產生。

骨簽寫法字例	 00161	 06565	 03228	 00263	 04810

說明	骨簽「第」字寫法未固定，00161「第」字上方「竹」部延續秦簡牘作「艸」字頭寫法。00161、06565、03228「第」字下方「弟」字豎畫往右，字形偏長，00263、04810「第」字下方「弟」字豎畫作撇 往左寫出，接下一筆向右寫出。

（五）「心」部

　　「心」部分爲位於下方的「心字底」與位於左方的「豎心旁」，「心字底」舉「意」、「志」二字，「豎心旁」舉「怪」、「快」二字。

圖表 3-3-5　骨簽與墨跡心部寫法舉隅

意				
秦漢書跡寫法字例				
	睡虎地簡	睡虎地簡	漢帛書	居延

說明｜墨跡的心部寫法，字形漸漸變為寬扁且受隸化影響下，下部筆劃左邊一筆拉長現象慢慢改為往右平拉，有時會帶點波磔。如本表舉例「意」字依時代順序「心」字的拉出筆畫往右勢增強。點畫的寫法隨意。

骨簽寫法字例			
	09109	05294	07658

說明｜骨簽「意」字「心」部的亦少見往下長拉，而是多往右平拉的寫法。整體筆劃書寫隨性，與秦漢書跡寫法相同。

志					
秦漢書跡寫法字例					
	漢磚文	秦簡牘	秦簡牘	馬王堆	漢帛書	武威

說明｜本表舉隅秦漢出土文字「志」字，我們可以知道「心」部在當時的寫法多種，甲骨文將心作 形，像心形；石鼓文作 ，下部筆劃左邊一筆拉長，秦漢文字寫法皆仿於此，如秦簡牘作 ，馬王堆作 ，秦簡牘書寫將「心」部更加簡率，如將「志」字作 ，往後結體寬扁化，如武威作 。

骨簽寫法字例	 13099	 13944

說明	觀察骨簽「志」字兩例,「心」部寫法並未一致,13099「志」字「心」部與本表秦簡牘寫法相同,在往下拉長的筆畫骨簽轉折明顯。13944「志」字「心」部與秦簡牘寫法相同。

釋文	怪		快	
秦漢書跡寫法字例	 秦簡牘	 二・502・48 張家山	 秦簡牘	 馬王堆
說明	由「怪」、「快」二字的秦漢墨跡字例,可知心部「豎心旁」寫法有 與 二種。下方主筆拉出,因書手書寫習慣而有不同筆法,文字的寫法架構是共通的。			
骨簽寫法字例	 13274		 08937	
說明	骨簽「怪」字、「快」字兩字皆從心部,延續秦簡牘的寫法,心部「豎心旁」作 形。寫法隨意。			

（六）「月／舟」部

此處舉「朝」、「勝」二字，「朝」字從卓從舟，「勝」字左偏旁從舟形、往後與月相混，此處偏重構件寫法，故將二字並列討論觀察。

圖表 3-3-6　骨籤與墨跡月／舟部寫法舉隅

朝				
秦漢書跡寫法字例				
	朝陽少君鍾	秦簡牘	漢帛書	馬王堆　　漢磚文
說明		「朝」在目前通行的字典中部首引索編列爲「月」部，最早爲從卓從舟，甲骨文作 ，在朝陽少君鍾、秦簡牘、漢帛書等的寫法也可看到「朝」字右邊從舟。在馬王堆、漢磚文等例則與「月」字相混。		
骨籤寫法字例	 08934 		 08506 	
說明	骨籤「朝」字，08934 從舟或從月由圖片並未能清晰觀察，較清楚的 08506 用筆簡率，右邊從「夕」，「夕」與「月」在甲骨文作同形。			
勝				
秦漢書跡寫法字例				
	秦簡牘	陽泉熏爐	銀雀山	馬王堆　　居延
說明	「勝」，任也，從力朕聲。在目前通行的字典中部首引索編列爲「力」部。說文小篆中左偏旁從舟，作 形。在秦簡牘仍從舟，西漢馬王堆時仍可見其形，往後逐漸與「月」相混。			

骨籤寫法字例	08384	07194	11401	07566	06550
	勝	朡	朡	朡	勝
說明	骨籤「勝」字左偏旁從「舟」者較明顯有 07194、11401「勝」字，從「月」者有 07566、06550「勝」字，寫法並不固定，「勝」字右偏旁簡率。				

（七）「阜」部

圖表 3-3-7　骨籤與墨跡阜部寫法舉隅

陽						
秦漢書跡寫法字例	陽	陽	陽	昜	陽	陽	陽
	陽信家鼎	朝陽少軍鍾	范陽侯壺	侯馬盟書	睡虎地簡	漢帛書	漢帛書
說明	「陽」字在「阜」部的寫法最初甲骨文作 ᚒ、ᚒ 型，在秦漢金文仍可見，秦漢時期分開的三個方形轉折合併、且減少為兩個，筆劃併筆，作 ᚒ、ᚒ、ᚒ 等型，寫法並不固定。						
骨籤寫法字例	04839	00335	08189	08934	08047	08506	13476
	陽	陽	陽	陽	陽	陽	陽
	06549	08937	08500	08194	06550	07103	
	陽	陽	陽	陽	陽	昜	

說明	骨簽「陽」字「阜」部大致有四種寫法。如作「ㄗ」、「ㄗ」、「ㄣ」、「ㄣ」，已省略到一個方形轉折。右邊構件「昜」字，在骨簽的寫法亦不固定，省略筆畫的現象明顯。中間橫畫有時省略，睡虎地簡與漢帛書皆有其寫法。另外，13476、07103「陽」字寫法已相當草化。

（八）「犬」部

圖表 3-3-8　骨簽與墨跡犬部寫法舉隅

犬					
秦漢書跡寫法字例					
	秦簡牘	秦簡牘	漢帛書	漢帛書	居延	居延

說明	「犬」字在甲骨文中作🐕、🐕，如犬形尾巴向上卷起爲其特徵，石鼓文保留上部一筆，尾巴改爲上翹而不卷，秦簡牘如石鼓文的寫法作🐕、🐕，漢帛書在「犬」字尾巴處方向改變，作🐕、🐕，上部一筆仍存，居延「犬」字更爲簡率，上部一筆已省去，作🐕、🐕，後者與「手」字形體相近，居延中「手」字作手，或有混同訛用情形之可能。

釋文	猗				
秦漢寫法字例	13602	13476	13476	08934	08506	06651

說明	「猗」字在骨簽出現六例，「犬」部的寫法反映了當時寫法並無統一固定，大致出現幾種寫法。 06651、08934 寫法與秦簡牘和馬王堆相似。作方型。 13602、08506 寫法隸化明顯，作犭型，已省上部一筆。 13476、13476 與方型類似，但少一筆撇畫，在其餘犬部的書跡中未見此寫法，或爲風化，已不能以肉眼辨識所致。 整體而言，骨簽「猗」字雖形體各異，「犬」部寫法也不一致，但仍可清楚辨明爲「犬」部。

釋文	獲（護）
骨簽寫法字例	03174
說明	骨簽出現一字「獲」字，從犬部，依釋文的意思讀來「獲」字與工官職位「護工卒史」的「護」字相通，骨簽「護」字出現頻繁，骨簽 03174「獲」字從犬。亦有多例「護」字左偏旁作如居延「犬」部的寫法（14050、13555）。筆者推測在漢代普遍書寫速度快速、草體化明顯的情形下，極有可能產生混淆，護字「犬」部的寫法逐漸與「手」部混同，產生部分訛化。「護」字的草化情形，則在草化章節在加以分析。

（九）「糸」部

「糸」部舉「緩」、「繕」二字，「糸」部在骨簽中的寫法因其契刻便利之因，多以直線刻劃，近似三角形上下排列。

圖表 3-3-9　骨簽與墨跡糸部寫法舉隅

緩				
秦漢書跡寫法字例				
張家山	銀雀山	馬王堆簡	漢帛書	居延
說明	「緩」字，從糸、爰聲，秦漢書跡寫法差異不大，「糸」字在張家山、銀雀山寫法圓轉，馬王堆簡寫法直率，形狀不如張家山、銀雀山來的圓轉，具轉折意味，接近三角形。漢帛書留有圓轉韻味，居延如馬王堆簡做轉折，行筆更爲簡率，結體寬扁。			
骨簽寫法字例	12465	06640	04587	02268	01258

說明	骨簽「緩」字殘損例較多，如 12465、01258「緩」字右下因骨片折損，未能見字形全貌。骨簽「緩」字「糸」部寫法直率，與馬王堆簡、居延寫法接近。形狀更爲活潑多變。右偏旁的寫法如 04587、02268「緩」字與馬王堆簡寫法相同，06640「緩」字省略了若干筆畫。

繕				
秦漢書跡寫法字例				
秦簡牘	元康雁足鐙	馬王堆簡	五鳳熨斗	居延

說明	「繕」字右偏旁的「善」字，原從羊從言，如睡虎地秦簡作善，「言」字寫法產生變化，與上方羊字共用產生訛變，使得「言」與「舌」自相混，「善」字亦被作善、善，秦簡牘、馬王堆簡亦將「繕」字作繕、繕。秦漢銘刻與居延「善」字寫法相對簡率，上方從羊，下方單寫口型。「糸」部寫法與「緩」字「糸」部相近，銘刻與居延明顯作轉折，接近兩個三角形的寫法。

骨簽寫法字例				
08354	00683	00555	00495	00359

說明	08354「繕」字右偏旁「善」字與秦簡牘寫法一致，作繕，00683、00555、00495、00359「善」字寫法簡率，下部單寫口型，與居延寫法相同。口型寫法特別，如 00555 呈平行四邊形、00359 呈三角形等，寫法隨意。骨簽「繕」字「糸」部與緩字「糸」部，寫法皆不一致，但多以兩個三角形的寫法爲之。

（十）「辵」部

圖表 3-3-10　骨簽與墨跡辵部寫法舉隅

延				
秦漢書跡寫法字例				
秦簡牘	銀雀山	漢帛書	居延	居延

說明	「延」字在甲骨文爲「延」，作 ，有步行於路之義，故在「止」形上方加一斜畫。「延」字從「辵」，在甲骨文「延」可見原本作 ，本無「辵」此獨立字，應該是文字學者爲了分析字形而從「延」字分離獨立，「辵」爲不和「辶」相混，在「彳」的下部延長。 秦漢書跡字例中，「延」字「辵」部寫法爲「彳」的下部拉長，居延更加簡略，「辵」部只做一「L」形。
骨簽寫法字例	00335　　　 13690
說明	骨簽「延」字出現兩例，兩例寫法不同，「止」字上方斜畫皆寫成橫畫。00335「延」字「辵」部上方有一筆斜畫，與秦簡牘「辵」部「彳」下部拉長的寫法接近。13690「延」字「辵」部單作「L」形與居延寫法相同。

建			
秦漢書跡寫法字例				
	秦簡牘	漢帛書	居延	居延

說明	「建」字「辵」部在秦簡牘、漢帛書的寫法相同，在「彳」的構型基礎往下拉長筆畫，居延「建」字寫法簡率，寫法產生變化，作 、，前者仍存「彳」形，往下拉長的筆畫改變了方向，往右平出的動勢增強，後者將「辵」部簡化至「L」形，「建」字內部「聿」字構型也有省略筆畫情形。
骨簽寫法字例	03174　　 08047　　 09109
說明	骨簽「建」字「辵」部，三例皆作「L」形，03174「建」字與居延 作同形。由骨簽「延」、「建」兩字看出「辵」部多以「L」形的寫法爲之，與居延簡有相同的簡率寫法，也與往後成熟章草的寫法契合。

（十一）「辵」部

圖表 3-3-11　骨籤與墨跡辵部寫法舉隅

造				
秦漢書跡寫法字例					
	秦簡牘	張家山	漢帛書	居延	昆陽乘輿鼎
說明	「造」字從「辵」部，「辵」字在甲骨文中從彳從止，會行於道路之義。在秦簡牘的寫法可看到彳形與止形上下擺放，張家山將彳形獨立在左側，止形在告字下方，漢帛書彳形、止形仍存其形但皆已簡化，往後寫法逐漸簡化，省略筆劃，寫法隨意。居延以「L」形，一筆向下往右作波磔拉出，簡化了整個「辵」部構形，西漢中期昆陽乘輿鼎也有此寫法。				
骨籤寫法字例	05247	08181	13448	01258	00667
說明	骨籤有八十多例「造」字，寫法大致相同，不論書寫年代或書手差異，皆將「辵」部作「L」形，一筆往下往右拉出，骨籤「辵」與「辵」部的寫法混同。				
遂				
秦漢書跡寫法字例					
	秦簡牘	銀雀山	漢帛書	武威	居延
說明	「遂」字從辵、㒸聲，其「辵」部的寫法嬗變與「造」字相同，本表舉例「遂」字在秦簡牘、銀雀山簡、漢帛書中「辵」部皆有彳形、止形，往後寫法簡率，武威、居延皆以一筆往下往右拉出，作「L」形，武威的寫法隸意強於居延的寫法，其「L」形為往下書寫後、另起一筆往右拉出、帶有波折的筆畫，居延的寫法相較之下草化意識較強，「L」形寫法隨性。				

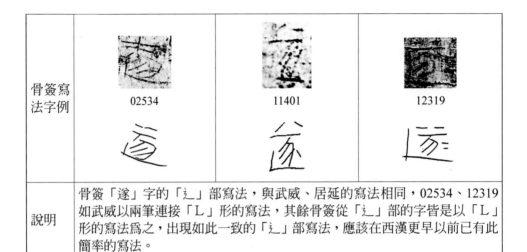

骨簽寫法字例			
02534	11401	12319	

說明	骨簽「遂」字的「辶」部寫法，與武威、居延的寫法相同，02534、12319如武威以兩筆連接「L」形的寫法，其餘骨簽從「辶」部的字皆是以「L」形的寫法爲之，出現如此一致的「辶」部寫法，應該在西漢更早以前已有此簡率的寫法。

（十二）「女」部

圖表 3-3-12　骨簽與墨跡女部寫法舉隅

如							
秦漢書跡寫法字例							
元年詔版	元年詔版	睡虎地簡	銀雀山	漢帛書	馬王堆簡	居延	居延

說明	元年詔版「如」字作　、　，前者「女」部仍保有篆書遺緒，結體上在轉折方正穩重，女部寫法保留跪坐形，後者與睡虎地簡作同形，不將形體拉長，女部的跪坐形訛變爲一斜筆，筆劃簡潔。作　形。往後「女」部拉長筆劃例子如銀雀山、漢帛書、馬王堆簡分別作　、　、　，寫法不固定，銀雀山、漢帛書寫法將結體拉長，馬王堆簡結體偏寬扁，隸意較強。更爲簡率的「女」部寫法，如居延作　、　。

骨簽寫法字例		
02018		00715

說明	骨簽「如」字「女」部寫法 02018 與秦簡牘較爲相近，未拉長筆劃，惟「女」部斜度作水平，與居延有相似之處。

始				
秦漢書跡寫法字例				
睡虎地簡	漢帛書	漢帛書	居延	居延
說明	「始」字在秦漢書跡中寫法差異不大，「女」部在睡虎地簡、漢帛書作、 有往下傾斜之感，漢帛書亦有水平「女」部的表現，因斜度改變，「女」部相交筆畫結構內部亦產生改變，如漢帛書作形，「女」部相交筆畫結構內部變爲三角形，居延作形仿於此，結體逐漸寬扁，作、形，往後成熟隸書中的「女」部寫法亦從此來。			
骨簽寫法字例 02858	 06441	 04684	 06651	 01484
說明	由骨簽「始」字的「女」部，可看出多數動勢表現較爲水平，02858、06441「始」字「女」部寫法與秦簡牘寫法相近，04684「始」字與居延「始」字，與的「女」部相交筆畫結構內部爲三角形，更爲簡率者，甚至不做轉折，以三筆交叉的寫法爲之，如 01484 的「始」字女部作。			

（十三）「攵」部

圖表 3-3-13　骨簽與墨跡攵部寫法舉隅

政				
秦漢書跡寫法字例				
上林銅鑒	秦簡牘	銀雀山	居延	敦煌
說明	「攵」，「攴」之變體，原義爲手持權杖擊打，由「政」字在「攵」的寫法，可窺見字體嬗變過程，上林銅鑒作形，工穩的樣貌承襲了金石文字的寫法，「攵」部寫法對稱均勻，秦簡牘的「攵」部寫法斜度往下，銀雀山			

作 形、居延作 形，可看出前者從「攴」、後者從「攵」，敦煌作 形，與居延寫法比較又相對隨性簡率，連筆書寫。

骨簽寫法字例	13358	08194	08934

說明	骨簽 13358「政」字與 08194「政」字「攵」部皆作「攴」，惟 13358 左右較為開張，08194 往下拉長，末筆並未特別往右拉出長筆，08934「政」字從「攵」，用筆直率。骨簽「政」字與秦漢墨跡寫法相同，流暢自然，不若銘刻金文風格的平穩規整。

（十四）「衣」部

圖表 3-3-14　骨簽與墨跡衣部寫法舉隅

初						
秦漢書跡寫法字例	睡虎地	漢帛書	漢帛書	陽信家熏爐	居延	居延	武威

說明	「初」字從刀從衣，睡虎地簡「衣」字下部相交左邊一筆向右下延伸，漢帛書沿用此形，往下拉長動勢明顯，陽信家熏爐亦有這類表現。居延寫法簡率且不固定，往下延伸的主筆變為往右上翹作 形、或往左寫出作 形，結構皆寬扁，武威則不特別做出方向，作 形。

骨簽寫法字例	10950	11031	00715	00555

說明	骨簽「初」字出現在「太初」紀年骨簽，「太初」是漢武帝的第七個年號，「初」字的「衣」部有一筆拉出作為延伸，且非一筆直接往下而有明顯轉折。10950「初」字結體最為工整，11031、00715「初」字「衣」部簡化，00555「初」字最為寬扁，與居延作 有相同之處。

（十五）「戈」部

圖表 3-3-15　骨簽與墨跡戈部寫法舉隅

成				
秦漢書跡寫法字例				
	旬邑權	睡虎地簡	馬王堆簡	敦煌　　　居延

「成」字，從戌、丁聲，秦簡文字中戌的裡面一橫與丁相接而爲「成」，「丁」字在戰國金文寫法如釘形，如 形，往後豎畫方向稍有彎曲的差異，皆作爲「丁」字。秦旬邑權「成」字結體偏長，其「戈」部寫法作 ，斜筆彎度明顯，睡虎地簡將「丁」字豎畫與「戈」部斜筆作平行，馬王堆簡衍用其形，結體偏長，敦煌結體寬扁，居延「戈」部寫法簡率，有省略筆畫情形，「戈」的斜勾出筆方向作弓勢往下，已有草書感覺。

骨簽寫法字例							
	01802	05247	06780	01258	01326	01326	09109

骨簽「成」字寫法簡率各異，其「丁」與「戈」字斜筆方向大致平行，如 01802 等，「戈」字斜勾有明顯往右帶出，而與斜筆交錯形成彎曲者 01258 等「成」字的寫法將「戈」部斜筆作左右拉出，應是受到刻石類較爲規整寫法的影響，或因行筆快速，與居延寫法有異曲同工之意。

二、骨簽單字特殊寫法──以「丞」、「護」字爲中心

　　骨簽在相同字的字形寫法上非常多變，書手的不同，使骨簽中幾乎所有重複的文字都有至少兩到三種的結構處理方法，且字體慢慢地由篆書往草書演進，單字的寫法多元、避免字形雷同已初具意識，其中「丞」、「護」二字寫法特殊，筆者試從這兩字做探析。

（一）「丞」字

　　何琳儀曰：「在甲骨文中「丞」字作 形（鐵一七一‧三）。從收，從卩，從山，會一人以雙手拯救另一人於陷阱之意。拯之初文」。

《説文》:「拯,上舉也。出〇爲極。从手,丞聲」。戰國秦系文字承襲甲骨文,卪足與凵相連,或譌作山形,爲小篆所本。《説文》:「,翊也。从収,从卪,从山。山高奉承之意。(署陵切)」
〔註35〕

湯餘惠所著《戰國文字編》一書中所收錄之戰國時期銘刻中秦系文字「丞」字始見山形,卪足與凵相連,凵譌作山形,作形,秦詔版作形,前者山形中的凵在左右作稍微凸起,後者山形直畫下來作分岔形,凵的弧度較前者寫法明顯。

　　「丞」字的寫法在秦漢時變化較大,秦漢「丞」字的特點如下表:

圖表 3-3-16　秦漢書跡「丞」字表現舉隅

	秦				漢			
非墨跡								
說明	1、左右造型多形。 2、卪有形、形。 3、底部寫法有山型及口型。				1、左右造型有形與形。 2、卪有形、形、形。 3、底部寫法有山形,與一橫畫形。			
墨跡	 張家山漢簡	 嶽郡四	 里耶秦簡	 睡雜一九	 居延1	 居81.4B	 居228.19	 居340.20B
					 居156.26	 居145.7A	 居11.10	

〔註35〕何琳儀,《戰國古文字典－戰國文字聲系》(北京,中華書局,1998),頁147。

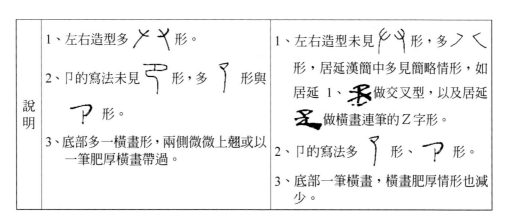

「丞」字依「左右造型」、「卩」、「底部」三部分的寫法，在秦漢時期非墨跡與墨跡中的「丞」字來進行梳理如下：

表 3-3-17　秦漢書跡「丞」字表現特徵整理表

	非墨跡	墨　跡
左右造型	在秦代由⿰形為主流，漢代依然有此寫法，亦有ノ乀寫法。	已簡化為ノ乀，居延漢簡出現✕形做交叉形，及兩橫畫連筆做乙字形的寫法。
卩	可見有⿱、⿱、⿱三種寫法。	可見有⿱、⿱兩種寫法。
底部	秦代已將山譌化為山形、又有口形和三角形等寫法，漢代則有山形和一筆橫畫兩種寫法。	多以一筆橫畫表示，秦代的表現特徵筆畫較為肥厚，亦有兩側微翹，有山形的概念，漢代多以一筆橫畫帶過。

　　又可從表格觀察到，「丞」字在秦漢時期演變時，在居延漢簡中的出現的寫法最多、變化最大，居延漢簡出土年代約於西漢武帝到東漢中期。骨籤書寫年代亦於西漢時期，「丞」字在骨籤當中出現頻繁，從刻文內容可得知是工官令之職名，文字的造型及書寫方式也十分多變，各書手對「丞」字寫法尚未固定，且有許多骨籤特有的寫法。依筆者的整理表可分為數種，可依共同部件大致歸納區分，其中未成為普遍寫法，不足以歸成一類或骨片相當斑殘無法清晰辨別筆畫則統列於其他。

　　1、「卩」分為三種，「⿱字型」、「倒三角型」、「又字型、叉字型」。

　　2、「左右造型」分為三種，「交叉型－x」與「不交叉型—>＜」、「橫畫」。

　　3、「底部」分為七種，「山型」、「三角型」、「口型」、「日型」、「二橫畫」、

「一橫畫」、「Ｚ字型」。

　　進一步組合分析，左右造型同樣為「交叉型－x」共同特徵，下部件可分為「山型」、「三角型」，此二型承襲秦漢非墨跡的寫法，而「口型」、「日型」則在秦漢的文字資料中未見此類表現，為骨簽特殊寫法，筆者推斷「口型」、「日型」應是由「山型」、「三角形」訛變而來，彼此關聯性大。

　　左右造型以「橫畫」書寫，在「日型」中有 4 例。左右造型「不交叉型－>＜」則有 7 例。

　　「卩」的寫法可分為「卩字型」、「倒三角型」、「又字型、叉字型」三種，「又字型、叉字型」在秦漢文字資料亦未見，為骨簽另一特殊寫法。

　　「底部」寫法除「山型」、「三角型」、「口型」、「日型」承秦漢非墨跡而來之外，骨簽亦承襲了秦漢墨跡的寫法，如「二橫畫」、「一橫畫」、「Ｚ字型」。

　　1、山　型

圖表 3-3-18　骨簽「丞」字「山型」整理表

上部件 / 下部件	卩字型	倒三角型		又字型、叉字型
	（卩）	（⊽）	（卪）	（又 又）
山型	01337	02825	08558	12465
	11410	09180	02858	11286
		02824		

> 底部作山型寫法，承秦代非墨跡寫法而來。骨籤「丞」字「山型」的寫法混雜秦漢書跡不同部件的寫法，「又字型、叉字型」爲骨籤特殊寫法，及倒三角形 02824「丞」字左右造型以一横畫書寫，目前所知秦漢書跡中未見此寫法。

2、三角型

圖表 3-3-19　骨籤「丞」字「三角型」整理表

上部件 下部件	ア字型 ア	倒三角型 ◁ ？			又字型、叉字型 又 叉
三角型	04587	07194	11401	03174	01802
	04345	01258	10826	06725	

底部作三角型寫法，承秦代非墨跡寫法而來。骨籤「丞」字「三角型」的寫法混雜秦漢書跡不同部件的寫法，「又字型、叉字型」爲骨籤特殊寫法，目前所知秦漢書跡中未見此寫法。

3、口　型

圖表 3-3-20　骨籤「丞」字「口型」整理表

上部件 下部件	ア字型 ア	倒三角型 ◁ ？			又字型、叉字型 又 叉
口型	07658	09040	01326	02018	06017

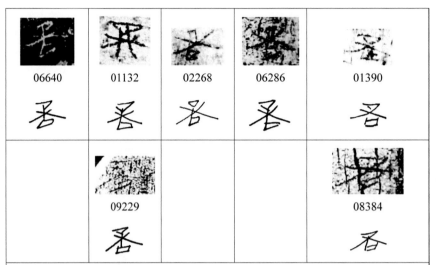

06640	01132	02268	06286	01390
吞	吞	吞	吞	吞
	09229			08384
	吞			吞

底部作口型寫法，承秦代非墨跡寫法而來。骨簽「丞」字「口型」的寫法混雜秦漢書跡不同部件的寫法，「又字型、叉字型」為骨簽特殊寫法，目前所知秦漢書跡中未見此寫法。

4、日　型

圖表 3-3-21　骨簽「丞」字「日型」整理表

上部件 下部件	ア字型 ア			倒三角型 ◁　ア		倒三角型－橫畫 二	
日型	07566	09542	03662	09229	04987	10950	01505
	吞	吞	吞	吞	吞	吞	吞
	01595	05247	08461	12319	08651	05294	11301
	吞	吞	吞	吞	吞	吞	吞

05247	08461	04684				

底部作日型寫法，承秦代非墨跡寫法而來。骨簽「丞」字「日型」的寫法混雜秦漢書跡不同部件的寫法，「倒三角型－一橫畫」爲骨簽特殊寫法，目前所知秦漢書跡中未見此寫法。

5、二橫畫

圖表 3-3-22　骨簽「丞」字「二橫畫」整理表

上部件　下部件	尸字型	倒三角型		又字型、叉字型		
二橫畫	13944	08181	06550	08934	12698	06332	07103

底部作二橫畫寫法，爲骨簽特殊寫法，「又字型、叉字型」亦爲骨簽特殊寫法，骨簽「丞」字二橫畫的寫法混雜秦漢書跡不同部件的寫法，目前所知秦漢書跡中均未見此寫法。

6、一橫畫

圖表 3-3-23　骨簽「丞」字「一橫畫」整理表

上部件　下部件	尸字型				倒三角型	又字型、叉字型
一橫畫	11006	06780	06441	04839	13358	06651

00470	11265	08189	09109	13274	12682
圣	圣	圣	圣	圣	圣
02244	13601	13476	04899	02632	
圣	圣	圣	圣	圣	
00667	09065			08265	
圣	圣			圣	

說明	底部作一橫畫寫法承秦漢書跡寫法而來。「又字型、叉字型」爲骨簽特殊寫法，骨簽「丞」字一橫畫的寫法混雜秦漢書跡不同部件的寫法。

7、Z字形

圖表 3-3-24　骨簽「丞」字「Z字形」整理表

上部件 / 下部件	ㄗ字型				
	ㄗ				
Z字形	00715	13690	00335	13355	08500	02534
	王	王	王	王	王	王

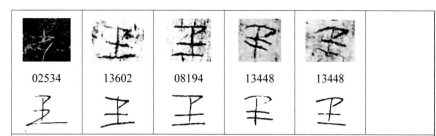

底部作乙字形寫法，承漢書跡寫法而來。骨簽「丞」字乙字形的寫法應爲一橫畫、二橫畫型的更簡化寫法，左右造型的交叉型訛化爲乙字形。

8、不交叉型－＞＜

圖表 3-3-25　骨簽「丞」字「不交叉型－＞＜」整理表

上部件	尸字型					
下部件	尸					
丞	06549	00359	00555	13469	12460	00683
	丞	丞	丞	丞	丞	丞

與今日通行體寫法相同的「丞」自寫法，承漢書跡寫法而來。骨簽「丞」字有規整有簡筆，06549、00359、00555 爲規整例，13469、12460、00683 爲簡筆例。

9、其他類

圖表 3-3-26　骨簽「丞」字「其他類」整理表

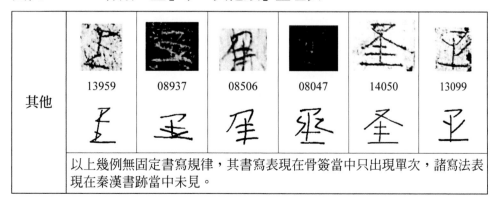

其他	13959	08937	08506	08047	14050	13099
	丞	丞	丞	丞	丞	丞

以上幾例無固定書寫規律，其書寫表現在骨簽當中只出現單次，諸寫法表現在秦漢書跡當中未見。

諸多骨籤「丞」字寫法當中，出現數種現今所知的秦漢非墨跡與墨跡作品當中較少出現的寫法，筆者整理如下：

圖表 3-3-27　骨籤「丞」字寫法總整理

（1）	（2）	（3）	（4）	（5）	（6）	（7）
11410	02825	12465	02824	03174	04345	01802

（8）	（9）	（10）	（11）	（12）	（13）	
08461	12319	01505	06640	09040	01390	

可知承秦代非墨跡的形體而來，底部作「山型」、「三角型」、「日型」、「口型」，此四類彼此關聯性大。左右造型多爲交叉型組合的共性，「交叉型」如上所分析，晚至於居延書跡出現，骨籤「丞」字多種寫法，可知秦漢時期「丞」字的寫法仍不固定。

下部件「日型」的寫法，其餘秦漢書跡中未見。

「日型」中左右造型「一橫畫」，其餘秦漢書跡中未見。

上部件「又字型、叉字型」亦在其餘秦漢書跡中未見。

（14）	（15）	（16）	（17）	（18）	（19）	（20）	（21）
13944	08181	06332	13476	13274	06651	00555	13355

與秦漢墨跡的「丞」字書寫習慣接近，底部爲「一橫畫」、「二橫畫」與連筆書寫二橫畫的「Z 字型」的骨籤「丞」字寫法，「二橫畫」的寫法於居延多見，惟骨籤的「二橫畫」寫法，左右造型有「交叉型」與「又字型、叉字型」，是骨籤與其餘秦漢書跡不同之處，又時有省略筆畫的情形。

（22）	（23）	（24）	（25）	（26）	（27）
 13099	 08047	 08506	 08937	 13959	 14050

骨簽仍有其餘幾例難以分類，出現次數並不頻繁，在秦漢書跡皆少見這些寫法。

（二）「護」字

　　古代的文字資料中，秦以前均未見「護」字。「隻」、「蒦」及「獲」原為同一字。何琳儀曰「隻」字：

　　　甲骨文作 （甲二六五），從又從隹，會以手獲鳥之意。獲之初文。

　　　《說文》「獲，獵所得也。從犬，蒦聲。」（參蒦字）金文作 （禹

　　　鼎）。戰國文字承襲金文，隹或作雀。〔註36〕

圖表 3-3-28　「隻」字字形演變字例舉隅

又曰「蒦」字：

〔註36〕何琳儀，《戰國古文字典》（北京，中華書局，2012），頁 442。

从又，从萑，會以手獲鷗鳥之意，萑亦聲。——與从艸隻聲之蒦不
同，乃隻（讀獲）之異文（从萑與从隹義通）。隻、蒦、獲古本一字。

《説文》「![篗]，規蒦，商也。从又持萑。視遽完。」〔註37〕

依此可知，从犬部的「獲」字亦可作「隻」或作「蒦」型。「護」字與「獲」、
「隻」、「蒦」諸字，顯然有同音通假的情形。

「護」字在考古報告公布的圖例中共出現 37 例，在書寫內容上皆出現於
「護工卒史」此一官名，單字書寫方法卻並不只一種，依左偏旁書寫方法不
同，可分爲犬部、提手旁及言部三類。

1、犬　部

圖表 3-3-29　「獲」字在秦漢墨跡表現例與骨簽「護」字犬部形體表

秦漢墨跡字例						
秦簡	秦簡	漢帛書	敦煌	武威	居延	居延

獲／護	秦漢墨跡「獲」字七例中，左偏旁犬部寫法在秦簡作  ![犬]，漢帛書作  ![] ，敦煌、武威作  ![]，居延作  ![]，整體斜度也有不同。右偏旁從隻或從蒦，以秦簡寫法最爲繁複，居延寫法最爲草化。
	骨簽字例

03174

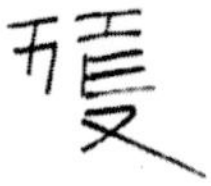

|
| | 骨簽「護」字從犬部只出現一例，左偏旁與漢帛書寫法相同，右偏旁不如秦簡、漢帛書繁複，但此寫法在秦漢書跡中未見。 |

〔註37〕何琳儀，《戰國古文字典》（北京，中華書局，2012），頁 444。

2、提手旁

筆者整理骨簽「護」字提手旁形體，共 16 例。分為左偏旁皆與右偏旁做整理分類。

左偏旁：提手旁，與墨跡居延漢簡「護」字犬部草寫寫法相似。

右偏旁：從隻與從蒦的寫法差異。

圖表 3-3-30 「護」字「提手旁」形體表

提手旁					
	13099	08181	13690	09065	01484
隻	13944	13469	00667	14050	02534
	13959	13602	13274	13355	13357
蒦	04899				

日學者小原俊樹曰：

「潁川工官的骨籤文字字形偏縱向，參以曲線變化，工拙並存，文
字草化減省情形比較突出，尤其是護工卒史的「護」字簡省的「提
手旁」是潁川工官骨籤中特有的。」〔註38〕

筆者整理「護」字「提手旁」發現，潁川工官骨籤中的確皆將「護」字左偏
旁簡省爲「提手旁」，但並非潁川工官所特定出現的現象，如 13355、01484
爲河南工官骨籤。其中 13357，左偏旁爲「提手旁」，右偏旁大幅簡省，與
居研簡 寫法相似，筆者更進一步推斷，簡省草化的現象其實更早以前
就出現，影響到左偏旁的寫法，犬部的寫法在骨籤「護」字「提手旁」產生
混用、訛化的現象。

3、言　部

「護」字從言部，以墨跡居延漢簡整理數例如下表：

圖表 3-3-31　「護」字在居延漢簡表現例

護	字　例				
	居延	居延	居延	居延	居延
	居延「護」字五例當中，左偏旁言部寫法有口部件的可分爲三橫畫及二橫畫兩種，及第三種言部草寫，做一直畫下拉後往右挑起。右偏旁有從隻與從蔓的寫法差異。				

整理骨籤「護」字言部形體，共 19 例。可從左偏旁與右偏旁做整理分類。

左偏旁：言部，同墨跡居延漢簡，有口部件的可分爲三橫畫及二橫畫兩
種，及第三種言部草寫，做一直畫下拉後往右挑起。

右偏旁：同墨跡居延漢簡，從隻與從蔓的寫法差異。

〔註38〕劉慶柱・小原俊樹，《漢長安城骨籤書法》（東京，木耳社，2004），頁 407。

圖表 3-3-32 骨簽「護」字言部形體表

右偏旁 ＼ 左偏旁	三橫畫 言		二橫畫 言		草寫 乙
隻	07103 護	02244 護	02632 護	08506 護	06550 護
	12682 護	08047 護	08194 護	04839 護	13476 護
	06441 護	06549 護	06725 護		
雙	09109 護	13358 護	08265 護	08937 護	13601 護
	08500 護	08934 護			

　　諸多骨簽「護」字寫法當中，出現「犬部」、「提手旁」、「言部」三類，筆者整理如下：

圖表 3-3-33　骨簽「護」字寫法總整理

（1）	（2）	（3）	（4）
03174	13690	04899	13357
（5）	（6）	（7）	（8）
08506	07103	13358	13476

　　從骨簽各部首的寫法對照其時秦漢書跡的寫法，可知骨簽在單字寫法的寫法相當多樣，有秦銘刻規整寫法的影子，也有接近成熟隸書寫法的樣貌，及簡率而省略筆劃、方向產生改變、而產生了行草感覺的寫法存在。篆隸之間本是一脈相傳，近來出土的簡牘帛書提供了後世研究學者更多證據考察篆隸演變過程與隸書的起源狀況及時間，在戰國晚期的墨跡到秦代墨跡簡牘，不固定的寫法有諸多案例，影響了如馬王堆簡等西漢時期墨跡，皆揭示出篆隸之間演變過程。然而，同時期出土的潦草簡率的文書墨跡，更提供了我們理解草書的孕育與起源，如居延簡中較為流暢簡率的寫法，與後世成熟章草樣貌有著密不可分的關聯，將這些在篆、隸、草之間的書跡與骨簽不固定的寫法做一比較，骨簽在寫法的跨度情形非常明顯，銘刻類書跡中的硬筆書法，多見有篆隸之間情形的字形，各有其藝術價值可讓我們細細品味欣賞，但鮮

少銘刻類書跡中如骨籤行筆自然、且行筆、部件、結字帶有「行草感覺」的硬筆書法。

　　漢代的隸書與草書之間的關聯、形成、發展，在目前所見的書法史上學者著墨較少，筆者認爲骨籤與居延簡，其部首的寫法可知多數較爲簡率的骨籤寫法與居延簡的寫法類同，並與成熟章草的部首寫法暗合，同是孕育後世成熟章草的重要參考資料，在下一章節則會加以分析探述其關聯與骨籤的草化情形。

第四章 骨簽書法風格特色探析

第一節 骨簽書法的草化發展

一、草化為字體演變的起源

　　草化與草書是不同的概念，關於草書的起源眾說紛紜，草化是相當廣泛的概念，概略來說，為求快而簡便而出現草率的寫法可稱為草書的說法，嚴格意義上來說並不嚴謹，一般定義上不將此類臨時隨意草寫的看作草書，只有形成規律的書寫法則的草寫才被視為草書。歷來書論多以草書是由隸書中產生說法為主，許慎《說文解字敘》稱：「秦初有隸書」，「漢興有草書」，先有隸書後草書。張懷瓘《書斷》亦稱章草「存字之梗概，捐隸之規矩」。演變到後人以「篆→隸→草」為漢字演進途徑的理論。

　　實際上小篆之後才有草書的觀念是本末倒置，草書的寫法並不必定由隸書演化而來，正如陸錫興認為：

> 事實上，小篆之前早有古草書了。這種古草書與常見的銘刻文字不同，有明顯的簡省連寫的書法，侯馬盟書、溫縣盟書、信陽楚簡、仰天湖楚簡等文字都具有這些特點。春秋戰國的草書我們了解的不多，缺乏研究，還不能做全面的介紹，但是已經見到古今一貫的省略、替代、連寫等草書規則，而且有些春秋戰國的草字一直沿用到漢代。〔註1〕

〔註 1〕陸錫興，《漢代簡牘草字編》（上海，上海書畫出版社，1989），頁 3。

　　追求簡易、快速的目的下，在仍可識讀的基本條件中，筆畫或部件的省略乃是人類書寫的自然現象，而初期草書的寫法是「約定俗成」中逐漸形成的，衍化的過程並非在同時程、各地區寫法齊一，是在個別文字中各自發展，混雜在篆隸文字中偶見，由不同類型的部首、偏旁、局部寫法等等，交互參用的統和過程中而來。

　　草化情形在西漢時期的發展背景整理，可知草化的情形是夾雜在篆、隸字體中，「草篆」與「草隸」的說法也就因此產生，說法眾多，暫且不加討論，整體而言，墨跡的字體演變才是書法字體演變的實際樣貌，與墨跡相對的刀筆刻鑿書法系統，字體進展中存在著滯後性，若以刻石或金石文字替代當時書跡來研究西漢書法的發展，不免本末倒置，需詳加辨別。但刀刻書法並不是一成不變，在墨跡字形劇烈的變化下，無疑影響刀刻的字相，只是程度的差別。在刀筆鑿刻的系統中，偏離了典型的製作性質的規範，往往在草率書寫中流露了當時文字形體的轉變，草化是一種簡率、非正式的、相對於工整裝飾的文字形體，整體而言，金石器物與刻石的製作性最強，視其製作程度高低，字相的規整也有不同程度反映，文字戳記的陶磚與部分墓誌銘等，有許多草率書寫的例子，文字介於篆、隸之間，也有不同程度省略部件的情形。

（一）墨跡中草化的情形

　　墨跡書寫速度簡捷、點畫的運用、出現筆畫省略的情形相較於金石銘刻、刻石、陶磚上的草化情形演化較快，將寫法做一參照，觀察骨簽草化字相的特徵。

　　而關於字體演變的主要依據，以秦漢時期的墨跡最為可靠。草化最早萌芽於戰國、春秋以前，至西漢早期尚不能稱為成熟的草書。字體仍是屬於篆書或隸書，在睡虎地、龍崗秦簡等墨跡上可見部件簡化、草化與後之草法暗合。約在武帝時期（約西元前 140 年～前 87 年）通用文字為隸書，此時期日常文書中未慎重書寫的隸書參雜了更多的草化、簡化部件，但亦未有通篇整段皆草書的情況，尚未達草書完熟成立，只能說部件簡化、草化已是社會上自然書寫的常態，仍在發展過程中，具有「行草感」的率意隸書，並不能說新字體已成熟產生。而到了西漢昭帝、宣帝時期（約西元前 86 年～49 年）已可見通篇皆為草化的非隸書作品。

　　也就是說草書已脫離隸書，逐漸成為一種可通篇不混用隸書的新字體。漢簡中全篇、整段文字都為草書字體的作品極多，對草書的寫法與結構均能

掌握得宜，自然的應用書寫。因此草化與草書仍有相當大的差異，「草書」的
演化形成，來自於對字形的「草率書寫」，「草化」指的則是其變遷的過程。
草率書寫的篆、隸書，在文字結構上並不有明顯影響，而草化程度的多寡改
變了字體的原本結構。結體的草化程度多寡可作爲不同階段的判別標準。

圖 4-1-1 〔註2〕玉門花海〈買賣布牘〉

西漢明顯具草化特徵的墨跡中，西漢昭帝時代（86B.C～74B.C）的玉門漢簡中的〈買賣布牘〉，根據林進忠先生的考察，有些單字仍存隸法結體，亦有諸多常有字已是完熟草書寫法，是具流暢行草筆意的「隸草」作品〔註3〕，及居延漢簡西漢元帝時的〈永光元年簡〉，成帝時的〈陽朔元年簡〉和〈元延二年簡〉，可看出結字、用筆已發展有別於隸書審美特徵的新字體。

（二）「刻石」、「金石」、「陶磚」中草化現象。

1、「刻石」的草化情形：

西漢時期刻石資料有限，不如東漢數量豐富，究其原因，可能與西漢的政治文化制度、社會思想與人文風貌有關，西漢無為而治、崇尚黃老之術，與刻石多用於歌功頌德、紀念事物有所悖逆，乃風氣不盛。主要內容有人物的姓名、年月、建築材料的記號等簡單刻辭一類，地界、符契等實用石刻一類，及西漢晚期墳壇、祠堂神位等喪葬用石刻一類。從〈霍去病墓霍臣孟文字刻石〉（西漢武帝中期（前 116 年）、〈五鳳刻石〉（漢宣帝五鳳二年（前 56 年）、〈麃孝禹碑〉（西漢成帝河平三年（前 26 年）、〈居攝墳壇二刻〉等刻石觀察其字體，隸意之間大體上不如秦王朝規整飾化，已有墨跡書寫的意味存在，某些用筆上會刻意拉長，多數用筆仍延續著秦王朝碑刻的樣貌。大多波折不明，刻工在雕刻時仍沿用著篆書時代的刀法，這在同時代的金文中可以看得更加清楚。這種雕刻方法，一直沿用到新莽時代及東漢時期。〔註4〕

2、「金石」的草化情形：

金石器物上的文字，仍是以篆隸為主，風格變化多種，孫慰祖先生舉出西漢金文有一類為結體恣放的草篆，其字形蕭散欹側，有西私鍾、新豐宮鼎、雲陽鼎、汝陰侯鼎、臨蕾鼎、張氏鼎蓋、梁鍾、齊太官鈁、犛車宮鼎、西鄉鈁等為此一風格。銅鏡中多見的日之光鏡、清白鏡、常宜子孫鏡為符合構圖需求，行款較為整齊，但也具有草篆的特色。〔註5〕

3、「陶磚」的草化情形：

漢代陶磚在清代以來大量出土，由可見資料內容包括：物勒工名的文字

〔註3〕林進忠，〈玉門花海出土漢簡的書法考察〉，《藝術學報》第七十三期（臺北，台灣藝術大學出版編輯委員會，2003），頁 9。

〔註4〕黃惇，《秦漢魏晉南北朝書法史》，頁 79。

〔註5〕孫慰祖，〈秦漢金文概述〉，《秦漢金文彙編》（上海，上海書畫出版社，1997），頁 10。

戳記、用於建築和墓葬用的瓦當及陪葬用的買地券與墓誌銘。多數是帶有製作性質的工整字形，少數簡率直接刻劃的陶磚資料，而此類又以陰刻為主。代表的作品為干刻成形的東漢刑徒磚，有先朱書而後刻者，也有直接刻者。因磚質硬度的差異與刻者的不同，使刀痕筆畫形成粗細、強弱、曲直的差異，從而形成各種不同的書風。

圖 4-1-2〔註6〕　五鳳刻石　　　　圖 4-1-3〔註7〕　東漢刑徒磚

圖 4-1-4〔註8〕　新豐宮鼎

〔註 6〕圖片來源，黃惇，《秦漢魏晉南北朝書法史》，頁 79。
〔註 7〕圖片來源，中國社會科學院考古研究所《漢魏洛陽故城南郊東漢刑徒墓地》，附圖二三五。
〔註 8〕圖片來源，孫慰祖編《秦漢金文彙編》，頁 59。

二、骨簽的草化形態特徵

骨簽的大量出土，對於現今學者研究西漢時期篆、隸、草三體的發展關係，扮演極重要的關鍵，前面在篆隸一脈發展分析，骨簽仍有某些篆意的結構與用筆，其性質眾說紛紜，但不同於天子策命諸侯王、詔書、樞銘、金石刻辭、官鑄銅器上的銘文、碑額、印章、宮殿磚瓦等類的製作性質是清楚無疑的但多數結體及用筆已具成熟隸意，與墨跡的字相上同為自然書寫，用筆直率，無裝飾性的意味。

以刀為筆，直接刻寫，部件的草化情形在上一節部首寫法中可見一斑，因此在骨簽的文字，同時可看到隸變與草書起源的特徵。從公佈的圖版觀察，骨簽尚無整篇皆成熟草書書寫，嚴格意義上來說，只能說是簡率書寫的情況下，隨著墨跡的草書化漸漸成熟，反映到骨簽的刻寫上。

大量骨簽的刻片當中，基本的字形結構依然是隸書字體，有些夾雜草率書寫的隸書，在筆法上更為早期楷書的濫觴。其草化的特徵與墨跡有多處有其暗合之處。歸納來說有筆畫的簡省、部件的位置變化，使用連筆等。筆者將骨簽已公開圖例做單字的資料庫，比較個別造型與差異，試著整理出骨簽的草化現象，亦與墨跡寫法做參照，當時的日常書寫潦草簡率是普遍現象，但未必成為後世襲用的草法。其中許多破損難辨識、一時的異寫則不與討論。此節依筆者整理的骨簽單字庫以「連寫」、「省形」、「簡化」逐項討論。

（一）連　筆

連筆的運用和隸意的消減，是草書形成過程中的主要變化，由此而帶來結構上的變化。骨簽中「連筆」的特徵常出現在撇與捺的書寫程序上，將兩筆畫明顯寫成一筆畫。又有因連筆書寫而改變字形寫法的情形，後者對草書的形成因素極為重要。各舉數例如下表並加以分析。

圖表 4-1-1　骨簽連筆字例舉隅

釋文	五	丞	夫	第	造
字例	01121	13355	02018	04810	01802

說明	「五」字甲骨文作 Ｘ、人，秦簡牘作 Ｘ、冬，中間交叉兩筆與上方橫畫分離，橫畫往右下斜出的「五」字則筆畫順序明顯不同，骨簽亦有多筆這樣的寫法。「丞」字在秦漢時期有多種寫法，居延簡中將「丞」字如作此 乏 形者與骨簽寫法相同。「夫」、「第」字與「丞」字共同有橫畫的連寫特徵，「夫」、「第」字在秦簡牘中多作 夫、筆，也可看出因筆畫連寫筆順也產生變化。又如「造」字明顯先寫兩筆橫畫，豎畫直接連寫到下方口部。

釋文	夫	秋	元	乘	輿
字例	06441	08265	10950	11959	11126

說明	撇與捺的寫法追求連貫快速中出現。往左撇出後繼續往右拉出，斜度多平行。「夫」、「秋」、「元」、「乘」、「輿」等字皆有此現象，

（二）省　形

主要特徵出現在筆畫數的減省，其程度不一，在傳統字型的基礎上進行刪簡筆畫，或省去字形的某一部分，而此類簡省筆畫的字，推斷由於書手的態度較平常，相同類別的骨片書寫格式十分類似，各職官官名有固定的順位及職稱，少許刪簡筆畫並不造成誤辨，墨跡中也常有此類保存字形輪廓，或以點畫代替字形的一部份，進行筆畫的省併，位置及程度多寡也各不相同，因此也讓骨簽單字表現變化十分多樣，單字至少存在數種寫法。

圖表 4-1-2　骨簽省形字例舉隅

釋文	嗇	官
規整例	08047	08194

省形例								
	13959	13601	13476	12682	06441	13690	02825	13476

說明	「嗇」字規整形筆畫相對完備，省形例多種不同省略情形，程度各不相同。骨簽「嗇」字寫法在同時期的墨跡中皆有相同例子。	「官」字省形例特徵如 06641 與 13690 下方部件進行省併為日字形及 02825 合併轉折書寫。
釋文	河	卒

規整例				
	09040		02825	
	03174		13944	

省形例						
	01258	02268	00470	06441	13355	06550

說明	骨簽省形例可見「河」字右邊「可」字的「口」與豎畫的寫法有不同省併的情形與寫法。	「卒」字，「衣」加上一筆橫畫交叉意指衣服縫製完畢，骨簽省形例「卒」字的將「衣」的寫法解體並改造。
釋文	關	樂

規整例				
	11031	10950	06725	02825

省形例	11919	11265	01484	13601	13358	03174
說明	「關」字規整例與省形例在「門」部的簡省情形並不明顯，省形例「門」字內省併部分部件明顯。			「樂」字規整形無特別省略情形，省略形則將上方部件以三個三角形書寫，此在居延簡中有相同情形。		
釋文	聖					

規整例	09065

省形例	14050	13355	07658
說明	「聖」字四例寫法皆不相同，14050、13355、07658 有不同的省形表現。		

（三）簡　化

「省形」將筆畫書寫的筆畫數簡省，其結果必然加速草化，「簡化」的特徵與「省形」類似，單字的結構亦不固定及部件寫法的改變。在本節所討論的簡化係大幅度的簡略部件，已符號性的結體並爲後世成熟的草書所沿用。

以「造」字爲例，以「L」形書寫「辵」部已是普遍現象，則以一斜畫書寫「L」形。「陽」、「穎」、「年」、「丞」、「延」、「步」等字也都各有簡化的特徵，在下表中進行逐一分析討論。

圖表 4-1-3　骨籤簡化字例舉隅

釋文	陽		穎			
字例	07103	13476	13357	13274	02534	09065
說明	骨籤「陽」字右偏旁的「昜」行筆快速，構型簡化，居延簡也有 昜、昜 等形，骨籤雖非以毛筆書寫，字形寫法上與同時代的墨跡有強烈的關連性。		骨籤「穎」字皆在穎川工官類的骨籤中，書手各異，書寫年代上也有前後，寫法差異是合理之事，清楚簡化部件的寫法如本表舉列四種，主要在「穎」字左下角的「禾」與右偏旁的「頁」有不同的寫法出現。			
釋文	年		丞			
字例	00667	13357	13602	13355		
說明	「年」字甲骨文作 ，從人負禾之形，戰國兵器銘刻作 ，後構形解散，漸漸橫線平行，如銀雀山簡作 ，後更簡化者將筆畫減少，筆順改變，如骨籤此形。		「丞」字在睡虎地簡作 ，居延作 ，可看出在左右手旁的寫法上已有變化，骨籤此簡化寫法將中間「 」連筆成「 」，產生新的寫法。			
釋文	造		延			
字例	06441	01258	00335	13690		

說明	「造」字在秦兵器銘刻的寫法作，竹簡作，可見「辶」的寫法末筆往右下拉出的趨勢，骨簽簡化「辶」的寫法，皆作「乀」。	「延」字從彳從止，後分化爲「止」上加一小撇，表示延長之義。秦簡牘作，居延簡作、，鹽在骨簽出現兩例，「彳」的寫法如 00335 在簡牘中可以見相同形，13690 則如「辶」部以一筆書寫。
釋文	步	
字例	 05718　　　05710	
釋文	「步」字在秦簡牘作形，下方部件作「少」，以三筆寫成，骨簽簡化作「勹」形。	

　　由以上「連筆」、「省形」、「簡化」的現象，各舉出字例說明特徵後，對照書跡的草書分期，骨簽的行草化現象，尚處草書的孕育期，是隸書的「行草化」，波磔與方折不明顯，骨簽的隸書「行草化」明顯表現在用筆的映帶關係及部件偏旁的寫法上，爲了書寫的便利及刻寫姿勢的配合，自然產生點與點、撇與捺相連的連筆情形，筆畫數不固定而有增減的省形情形及符合草書符號的簡化現象。此類的書體，很難斷然歸類於隸書、草書、行書，骨簽無通篇皆以成熟草法、草體的例子，這類型的隸書「行草化」表現有其時代背景，在漢簡等日常書寫中，這類隸書「行草化」是常態，現今中小學寫字教育絕大多數教的是正楷，但是自然書寫的情況，很難筆筆分離，字形端正，多數會依照個人的書寫習慣，自然的出現上牽下連的圓轉筆勢，帶有「行意」。

　　換句話說，隸書「行草化」的書法表現，在書寫行爲當中實屬常態，再細分「隸書的行書化」與「隸書的草書化」，林進忠先生有這樣的見解〔註9〕，

〔註9〕林進忠，〈西漢草書源起發展的考察〉，《藝術學報》第七十一期（臺北，台灣

他認為在帶有流暢行草感覺的書寫行為發展過程中，當時社會的普遍情形認真寫的是隸書，但沒有「草書教育」，在相互觀摩彼此學習之下逐漸孕育，尚無有心人士的整理、歸納、教學、練習的，草化寫法仍為個別且局部的可稱為「隸行」，而約在西漢昭帝、宣帝時期（約 86B.C～49B.C）逐漸成熟，能通篇書寫非混用隸書之中，已初步具有規範的新寫法者可稱為「隸草」。書法藝術的研究當中，骨簽此類書跡應歸類於「隸行」，方便深入的討論與分析。隸行的書寫發展影響後世成熟草書、楷書、行書的發展是無可置疑的，在筆法、章法上的書寫意識上也有不同程度的發展，在此認知基礎之上，以利筆者在後面幾節進行骨簽書法的藝術表現。

三、工官類骨簽的字體風格差異考察

目前已公佈的骨簽，工官類的骨簽可看到有「河南」、「穎川」、「南陽」三地工官，而又分為「有紀年有年號」和「有紀年無年號」兩種。每片骨簽上的內容，皆記錄了工官及下層的官職名。

有紀年的骨簽有「元年」、「二年」、「三年」、「四年」、「五年」、「六年」、「太初三年」、「太初二年」、「天漢元年」、「天漢三年」、「天漢四年」、「太始元年」、「太始四年」、「延和五年」、「始元年」、「始元二年」、「始元三年」、「始元四年」、「始元五年」、「始元六年」、「元鳳元年」、「元鳳二年」、「元鳳六年」、「地節四年」、「元康二年」、「元康三年」、「元康四年」、「五鳳二年」、「甘露三年」、「神爵四年」、「初元三年」、「永光四年」、「永光三年」。

其中，「四年」、「五年」、「六年」、「神爵四年」、「初元三年」、「永光四年」、「永光三年」有中央官署類與列侯類的骨簽，可做一寫法上的參照。

比較河南、穎川、南陽三地同樣年份的書寫樣貌，可大致了解到河南工官在書寫上最為平穩，筆畫簡省情形未如穎川、南陽的具有波動特質，從「二年」到「始元五年」的演變差異，有漸進趨向成熟隸書，從橫畫平整出現波磔，整體結構趨向扁平。穎川、南陽與河南工官相較之下表現出簡率、字形大小、寬扁皆有變化，具有行草的基本美感，由時間軸推演，看出另一個現象，往右下拉出的筆畫，也就是捺畫的波磔感，在河南工官可看到較多這類表現，穎川及南陽工官則以反捺為多，南陽工官的字形排列最為活潑，也有

藝術大學出版編輯委員會，2002），頁 4～5。

以點代線的表現。不同地方工官的書風暗示著隸意與草意的同步發展，筆者此節將相同刻寫年份的工官類骨簽並列比較，試觀察其差異。有「二年」、「始元二年」、「始元三年」、「始元五年」四組。

（一）工官類

1、「二年」

工官	河南	穎川	南陽
圖例	09542	08181	04839
摹本			
說明	觀察年號同為「二年」的河南、穎川、南陽工官骨簽，河南書刻表現最為工整，用筆相對穩重，筆畫平直、形體寬扁顯露成熟隸書特徵。穎川用筆輕巧流暢，筆畫牽帶靈動有韻，南陽出現較多省形情況，如第二行「年」等字，單字的欹側與行氣的表現上也不如其他兩者對齊中軸線，較為活潑，整體來說，河南平穩，穎川流暢，南陽字勢最為強烈。		

2、「始元二年」

工官	河南	穎川	南陽
圖例	09109	14050	07103
摹本			
說明	同為「始元二年」的骨簽中，河南類筆畫平穩，整體呈左右開張之勢，筆畫伸展有致，穎川類字體大小分配有韻，結字有時緊密有時舒展，用筆行走停頓之間相當熟練，南陽類結字構型已明顯草化，鮮少出現橫畫相同長度平行排列，點畫活潑，字勢富有動感，已有後世成熟行草書的的書寫感，穎川類與南陽類皆有行草感覺，比較兩者的字形，以點代線的簡化程度南陽甚於穎川。		

3、「始元三年」

工官	河南	穎川	南陽
圖例	 01484	 02534	 08934
摹本			
說明	「始元三年」的工官類骨簽，整體河南類骨簽結字寬扁，用刀沈著，穎川類則速度感漸強，與南陽類皆看出書寫時的率意輕鬆，行距之間寬扁並無刻意固定，而是逐行調整字的寬度，四行的表現在字距和疏密上皆做出差異，已見如行草書流暢的書寫概念。

4、「始元五年」

工官	河南	穎川	南陽
圖例	 13601	 13944	 13476
摹本			
說明	「始元五年」的工官類骨簽，河南類結字寬扁化的特徵越加明顯，穎川類字距行距之間與河南類同屬緊密，結字意在篆隸之間，單字大小及重心最富變化者爲南陽類，且字距排列之間存有行草意味，結體最不寬扁、寫法也有簡化情形。		

（二）「中央官署類」

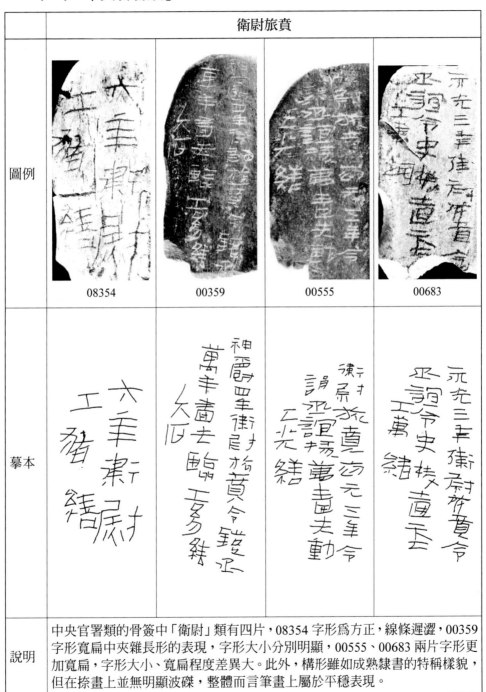

衛尉旅賁			
圖例			
08354	00359	00555	00683
摹本			

說明	中央官署類的骨籤中「衛尉」類有四片，08354 字形爲方正，線條遲澀，00359 字形寬扁中夾雜長形的表現，字形大小分別明顯，00555、00683 兩片字形更加寬扁，字形大小、寬扁程度差異大。此外，構形雖如成熟隸書的特稱樣貌，但在捺畫上並無明顯波磔，整體而言筆畫上屬於平穩表現。

（三）「列侯類」

	少府類		光祿類
圖例	 01514	 12460	 00495
摹本			
說明	列侯類骨簽，有「內官」、「右工室」、「光祿弩官」三片骨簽作爲參照，01514 內官骨簽筆畫寫法平穩，字形方正偏長，「年」、「五」字明顯有篆書意味，12460「右工室」與「內官」整體相近，字形方正偏長，亦有寬扁的表現，筆畫寫法平穩，有行無列。00495「光祿弩官」筆畫寫法活潑簡率，轉折或方或圓，字形有扁有正，字的大小與拉伸皆自然流暢，時間軸看來，時間越晚則書寫情況越爲簡率活潑。		

第二節　骨簽的筆畫特徵與楷書形態

　　嚴格來說，楷書的起源不必是經過隸書成熟或草書成熟之後演變而來，字體尚未具有可一眼辨識的成熟面貌之前，存在著彼此融合、汲取或混同的關係，而骨簽中的草化情形，已有相當程度的連筆行為，亦可顯示出筆意之間有顧盼，雜揉在楷、行、草的基本雛形之間，可說是一個共生系統。

　　三國時期鐘繇的宣示表看到已將筆畫在細節上做加工並規範化，故楷書的孕育期固然在三國之前已有其發展的潛質，而草化正是在字體演變之間的重要關鍵，早期楷書的濫觴可以上溯到戰國後期的簡牘，結構上仍是篆隸之間，漢代草書對字形結構的變化是更為開放的，楷書與隸書可由筆勢與結構來辨別，在「點」畫的運用、起筆的動勢意念，則是草化書寫作用下，早期楷書的一個胚胎。

　　而秦漢時期戰事頻起、吏務繁重，使文書趨急率就，墨跡中潦草簡率書寫的篆隸文字中，有大量的草化情形，在往草書成熟的軌道中，亦孕育了楷書與行書的形成，草化與早期的楷書與隸書的關聯，章草一方面完成了隸書，使無波勢之隸成為有波勢之隸，這裡指的章草，是隸書的草化書寫。而另一方面的間接影響，又使波磔之體，進為懸針垂露之體，完成了現在所謂楷書。從這句話看出在草化是字體演變的起源與動力，波勢的有無應是楷、隸的一個分水嶺。草化的過程中帶有波勢、往左右延伸，漸漸字形寬扁，成為後世成熟的隸書，懸針垂露之體、意指收筆的部分不做波磔，以「尖收」或「頓收」是楷書不同於成熟隸書的一個部分。

　　根據近來的出土文物，甘肅敦煌漢代懸泉置遺址出土的大量簡牘中，存有少數紙張所書寫的墨跡，當中有一件作品內容寫著「恐惶恐白」慣用語的書信碎片，西林昭一先生由書風推斷，此應為魏晉時代的作品。〔註 10〕而黃惇先生對此件則有不同看法，認為此件為東漢所書，此件雖有明顯隸意，但檢視其筆法已經十分楷書化，意味著楷書的出現，應在漢隸成熟不久之後〔註 11〕，也就是說，應在魏晉之前楷書的筆畫就已經孕育且存在不同的書手所留下的作品中。

〔註 10〕西林昭一，《中國新發現的書跡》（臺北，蕙風堂，2003），頁 61～62。
〔註 11〕黃惇，《秦漢魏晉南北朝書法史》（江蘇，江蘇美術出版社，2009），頁 50。

圖 4-2-1〔註12〕　　敦煌懸泉置麻紙墨跡

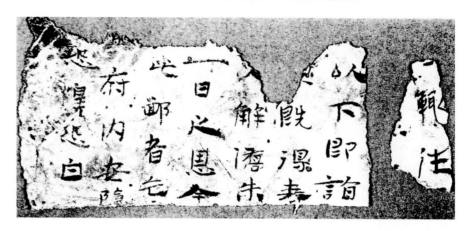

關於楷書的起源時間，陸錫興指出：

　　楷書的成長實際上是稍晚於隸書，在隸書八分體興盛之時楷書已經
　　大致形成。《流沙墜簡》中神爵四年簡，羅振玉認為：「於二爨碑相
　　近，為今楷之濫傷。」《流沙墜簡》中的天漢三年簡，也有人認為「已
　　出現真書的雛形。」因此，我們可以相信西漢中期楷書已經萌芽了。
　　〔註13〕

楷書的起源時間隨著新出土文物的發現不斷的被往前調整，筆者認為透過考
察新出土文物上文字的「筆法」與「結體」二者，可以更加清楚楷書的起源
時間，黃惇指出在居延漢簡《竟寧元年簡》中，有些單字的用筆上已如《懸
泉置麻紙》很大程度未使用波挑而做頓收表現，也未使用上輕下重的撇畫，
而是上重下輕順勢出鋒的尖撇，字形也呈現長方或正方的現象。〔註14〕可
以說楷書的源起狀態，是由隸書的草化書寫而來，而非經由隸書演變而來。

　　而出於個人性情的自然草化書寫情狀當中，在筆畫的起筆位置處有藏
鋒、露鋒等不同鋒芒是合乎道理的。藏鋒、露鋒各有風神，歷代對此有諸多
解釋與評價，如清代宋曹《書法約言》如是說：「（用筆）有偏正，偶用偏鋒
亦以取勢，然正鋒不可使其筆偏，方無王伯雜處之弊。」、「有藏鋒有露鋒，
藏鋒以包其氣，露鋒以縱其神。藏鋒高於出鋒，亦不得以模糊為藏鋒，須有
用筆，如太阿截鐵之意方妙。」、「筆正則鋒藏，筆偃則鋒側。草書時用側鋒

〔註12〕西林昭一編《中國新發現的書蹟》，頁 62。
〔註13〕陸錫興，〈論漢代草書〉，《漢代簡牘草字編》，頁 22。
〔註14〕黃惇，《秦漢魏晉南北朝書法史》（江蘇，江蘇美術出版社，2009），頁 50。

而神奇出焉。」〔註15〕藏鋒、露鋒皆是書寫的人類書寫的自然情形，西漢當時也許並未如後世對筆畫美感的追求與評論，但由不同的起筆方法可知骨籤書手有多樣的筆法樣貌。

　　筆者認爲，透過骨籤書法的筆畫書寫情狀考察，可以知道楷書筆法的「前筆法」，雖然楷書源起的時間仍是眾說紛紜，但可以確定的是在骨籤的用筆當中已有相當多的楷書雛形，爲後世具高度審美觀的楷書筆法系統的根源。

（一）橫筆表現

1、起筆與收筆

　　筆者將起筆種類分爲「逆起」、「平起」、「尖起」、「側起」四種。力量較大、明顯地包裹住筆鋒，有如鵝頭的特徵的「逆起」，與起頭平整、垂直剛硬的「平起」，可歸於「藏鋒」；筆畫起筆尖細而運筆漸行漸重者爲「尖起」，與稍作往下頓壓，稍作側鋒起筆者爲「側起」，可歸爲「露鋒」，以「工」字做樣本，兩橫畫的起筆可看出起筆的多樣與求變，書手熟練地率性書寫，「逆起」與「平起」往往是相伴書寫，「尖起」與「側起」亦同，兩筆皆爲藏鋒與兩筆皆是側鋒的書寫表現，應是書手的習慣所致。

圖表 4-2-1　骨籤橫畫「起筆」分析表

起筆種類	字　　　　例		
逆起	06441	08194	08194
平起	13944	13601	01132
尖起	08181	13469	13357

〔註15〕清・宋曹《書法約言》，引自華東師範大學古籍整理研究室選編、校點《歷代書法論文選》（上海，上海書畫出版社，2004），頁 564、571。

側起	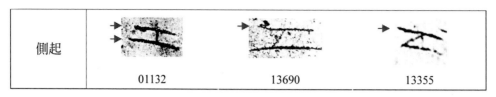		
	01132	13690	13355

同樣以「工」字看骨籤橫畫收筆特色，可分為「尖收」、「頓收」、「雁尾」三類。「尖收」的特徵常在橫畫凸起，形成中間高、兩側低的橫畫，此類橫畫收筆因行筆快速，直接往右下如撇一般不做停頓出筆，形成尖筆出鋒。「頓收」的橫畫行筆速度相對穩定，最後收筆處將硬器往上提起離開骨片，不做撇出動作，依刻痕來看，有些如楷書筆鋒稍往右下收齊、或平整垂直、及稍往上揚起，橫畫的整體若無特別動勢者皆歸於「頓收」。「雁尾」部分與「尖收」的橫畫動勢相似，收筆末端略有揚起，「雁尾」為成熟隸書的特色之一，在骨籤中已多有表露。

另外，收筆無固定的方法，同一片骨籤上的「工」字，同時存在「尖收」及「雁尾」（如 06441），或同時存在「頓收」與「雁尾」（如 13601），都是有可能的。書手對筆畫的掌握是在自然之間，不固定特定筆畫形態，交替使用不同收筆方法。

圖表 4-2-2　骨籤橫畫「收筆」分析表

起筆種類	字　　　　　例		
尖收	06441	06441	08194
頓收	02268	13601	01132
雁尾	08181	06441	13601

2、彎曲表現

分「俯仰」、「平直」、「俯勢」、「仰勢」四類。由「工」字兩筆橫畫分析其彎曲表現，橫畫的彎曲程度多寡，影響了「工」字的神態。

圖表 4-2-3　骨簽橫畫彎曲表現分析表

彎曲種類	字　　　例		
俯仰	00667	01258	13469
平直	05247	06780	07566
俯勢	08189	06441	02825
仰勢	13601	08934	06441

（二）豎畫表現

1、起筆與收筆

　　豎畫起筆表現分為「尖起」、「側起」兩類。「尖起」者之豎畫普遍較細，「側起」較粗；收筆分為「尖收」、「頓收」兩類。從下表舉例分析得出豎畫較細者多「尖起」，豎畫較粗者為「側起」，在觀察其「收筆」情形，「尖起」者普遍「尖收」，側起者普遍「頓收」。

圖表 4-2-4　骨簽豎畫起收筆舉例分析表

起收筆種類	字　　　例		
尖起－尖收	00054	10026	09682

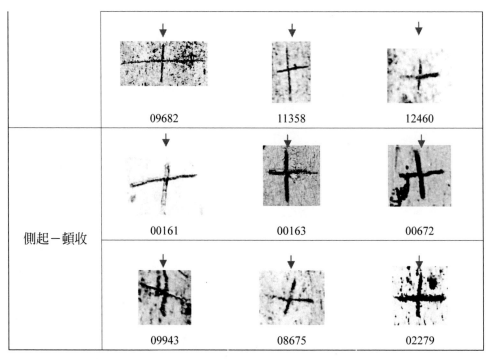

2、彎曲表現

分「向背」、「平直」、「背勢」三類。由「官」字兩筆豎畫分析其彎曲表現，豎畫的彎曲程度多寡，影響了「官」字的神態。

圖表 4-2-5　骨籤豎畫彎曲表現分析表

彎曲種類	字　　　例		
向勢	01802	01326	14050
平直	08500	02268	05294
背勢	11286	02825	12698

（三）撇畫表現

撇畫收筆表現，也就是「出鋒處」，爲談論筆法中的關鍵要素，在成熟的隸書與草書或楷書筆畫特徵中，撇的筆法差距甚大。成熟隸書的撇畫在出鋒處微微停頓後向上出鋒，做「頓出」的表現，成熟草書與楷書的撇畫出鋒處筆尖順勢提筆而出，多做「尖出」表現，「頓出」者出鋒處較有停筆後再書寫下一筆的意識，「尖出」者出鋒處與下一筆做連貫意識較大。筆者試以「史」、「護」、「令」三字爲分析樣本，從撇的「出鋒表現」與「彎曲現象」兩部分探討。

1、撇畫出鋒

撇法是筆法當中重要的細節，撇畫基本上並不做特別回鋒收筆，撇畫的出鋒處可分爲「尖出」與「頓出」兩類。觀察出鋒處的表現，出鋒處以「尖出」，可看出書手行筆的迅疾與猛利，「頓出」的撇畫在下筆之初，送筆速度與「尖出」相對上較平均，如表 4 中 01258「令」字的撇畫與 14050「史」字的撇畫皆平直拉出，「令」字的撇畫出鋒時，則有加快運筆速度、筆畫漸細之感。

圖表 4-2-6　骨簽撇畫收筆表現分析表

收筆種類	字　　　例		
	史	護	令
尖出	 13355	 01484	 01258
頓出	 14050	 13469	 13601

2、彎曲表現

撇畫行筆自然流暢，而使線條彎曲是書寫的自然現象，亦有相對「平直」寫法存在，「折彎」程度多寡與隸書和草書的成熟有相當大的關聯。「折彎」的行筆在中段以前皆與「平直」無太大差異，在末段開始彎曲，加快速度，

緊接著書寫捺畫，可以說行筆流暢的速度之下，造成出鋒之前一段彎曲的力量，加強了撇畫表現的戲劇張力與流動感。，「平直」與「折彎」與否和書手的個人習慣有關，同時「平直」的迅疾或「折彎」的動勢皆反映當時人普遍的書寫情境，如墨跡居延漢簡等向章草演化的書寫，使用軟性毛筆的物理特性使然，居延中撇畫多見弧形順勢書寫的情形。骨簽雖以硬筆契刻，與毛筆的物理特性有不同之處，但撇畫的彎曲表現可以說明書法在筆法發展的過程中有其清晰的脈絡。

圖表 4-2-7　骨簽撇畫彎曲現象分析表

彎曲種類	字　　例		
	史	護	令
平直	14050	13476	07566
折彎	06441	13469	13601

（四）捺畫表現

1、捺畫出鋒

分為「尖出」、「頓出」、「雁尾」三類。捺畫拉出的方向，「尖出」與「頓出」的提按力道有別，觀察表 4－a「尖出」中「史」、「護」捺筆長，其提按

力道為輕－重－輕，「令」捺筆短，為重－輕。極類似毛筆書寫情形，有如這種毛筆表現的尚有「頓出」的「令」字，自然的表現出反捺的用筆，同樣「雁尾」類似毛筆的表現亦相當明顯。可見書手有受過書寫的訓練，對毛筆的表現相當熟練。捺筆有時平出、往下，看出書手刻寫時的自然性情，不拘束於固定筆畫表現。

圖表 4-2-8　骨籤捺畫收筆表現分析表

收筆種類	字　　　例		
	史	護	令
尖出	 13355	 01484	 13355
頓出	 14050	 13355	 08194
雁尾	 13601	 00667	 13601

2、彎曲表現

在成熟隸書的捺畫表現，往右下書寫時雁尾出鋒，即捺畫出鋒之前線條中段的彎曲表現，因書寫慣性使然，往往會如骨籤捺畫「行筆往上」的表現。而另一方面，捺畫往往是單字書寫的最後筆畫，草化的書寫著重書寫的連貫性，成熟草書的捺畫筆法演化，可從骨籤「行筆往下」、「平出」的特徵中，知道具審美意識的成熟筆法產生前，骨籤已有大量此類的筆法軌跡。

圖表 4-2-9　骨簽捺畫彎曲現象分析表

彎曲種類	字　　　例		
	史	護	令
行筆往下	14050	08194	08194
平出	13944	13355	01132
行筆往上	13601	00667	13601

（五）勾筆表現

　　勾筆的表現意識在骨簽中有相當不同的表現，試以「府」、「丙」、「南」、「守」四字，依照勾筆的意識強弱由 A 到 D 做一排序。排序後可知 A 類垂直往下拉出，無任何勾筆表現，B、C 類的勾法不同，B 類提筆輕微勾出，C 類像撇一樣往左下拉出，D 類勾筆意識最為強烈，豎畫與勾畫的分別相當清楚。

圖表 4-2-10　骨籤勾筆表現分析表

釋文	字　例						
	A	➡	B	➡	C	➡	D
府	02268		13944		05247		13601
丙	13274		02883		03333		01163
南	09180		08500		07566		06441
守	06441		13448		00667		13601

（六）轉折表現

　　轉折的書寫方式在隸變時期無固定寫法，意味著在成熟筆法的產生之前，並無公式化的流弊可能。在筆法發展的過程中，筆者將骨籤字例的轉折表現提出「接轉」、「折轉」、「圓轉」三種不同情形，以便在晚于骨籤之後的成熟筆法產生前的筆畫發展有具體討論，在骨籤字例中許多轉折的表現並非可以容易分類，同一字的轉折可能也各有風貌，沒有固定的轉折筆法，以「百」、「力」、「石」三字爲例，單字的轉折方法多樣，「接轉」、「折轉」、「圓轉」並存。從筆法上判斷，「接轉」以兩筆書寫，承小篆書寫習慣而來，在隸書的筆法處理中也有此意識。「折轉」、「圓轉」以一筆書寫，在成熟草書、楷書可見將此表現加以審美化的表現。

圖表 4-2-11　骨簽轉折表現分析表

轉折表現	字　　　例		
	百	力	石
接轉	03228	00348	10371
折轉	03333	00315	00040
圓轉	03268	03608	00495

第三節　體勢與造型

此節分別由「單字取勢」及「主筆與字形的取勢」、「單字空間與幾何特徵」三部分觀察骨簽的文字取勢，了解骨簽單字體勢與造型處理。

一、單字取勢

以單字的中軸線為基準，整字的動勢分為「下斜」、「上傾」、「平穩」、「部分傾斜」並分類舉出字例，以見骨簽在字形取勢的特徵。其中不乏同一片骨片中多字皆取相同動勢，本表「下斜」以 13469 為取樣，「上傾」則以 11358 取樣，平穩的字「左右」伸展，以 08265 取樣，「部分傾斜」則個案舉隅。

圖表 4-3-1　骨籤單字取勢字例舉隅

動勢種類	字　　　例				
釋文	康	年	穎	川	卒
下斜 13469					
釋文	乘	輿	御	弌	十
上斜 11358					
釋文	元	年	秦	秋	卒
左右 08265					
釋文	聖	偽	時	畢	陽
部分傾斜	13355	14050	13355	09109	08194

二、主筆與字形取勢

　　主筆與字形取勢，下表分析可知，主筆凸顯與字形取勢的關係，結體瘦長的字，主筆多往下，在結體變為寬扁的字當中，主筆少凸顯、或主筆變為往右平出。

圖表 4-3-2　骨籤主筆與字形取勢字例舉隅

釋文	字例一	主筆取勢	字例二	字形取勢
第	00161		00263	
	00161 的「第」字主筆往右下拉長，增長了結體的長度，在秦簡牘中多此種寫法，反觀 00263 的整體寬扁，橫畫長度多長於豎畫，最末筆往右平出。			

九	 08450		 07916	
	08450 的「九」字主筆彎折寫法極爲誇張，往下再往右的動勢感強烈。07916 則顯得往左右拉伸，結體寬扁。			
步	 10229		 08647	
	10229 的「步」字拉長最末筆後，讓整字的空間上密下疏，往下寫出的主筆挺拔。而 08647 最末筆往左寫出，讓字的重心留在中心，向左右發展的張力感增強。			
千	 03228		 03777	
	03228「千」字橫畫與豎畫約莫等長，03777 的橫畫長豎畫短，將字型拉扁，整體往左右拉伸的感覺極爲明顯。			
乙	 00667		 10096	
	00667 的「乙」字寫法簡潔，往下書寫有一小轉折。10096 則多了大幅度的轉折，曲線的寫法讓字形顯得寬扁，收筆處亦有些微上挑，行筆帶有隸意。			
史	 08194		 13601	
	08194「史」字往下的筆畫長度長於往右平出的筆畫，結體瘦長。13601「史」字行筆順暢，往下筆劃帶有曲度，出鋒時往左寫出，往下拉出長筆劃，結體寬扁。			

何	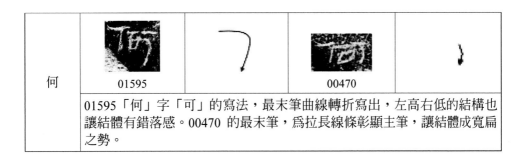			
	01595		00470	

01595「何」字「可」的寫法，最末筆曲線轉折寫出，左高右低的結構也讓結體有錯落感。00470 的最末筆，為拉長線條彰顯主筆，讓結體成寬扁之勢。

三、單字空間與幾何特徵

（一）單字疏密

此部分主要將單字結構的特徵作初步分類，「疏密」在單字上下間距空間的調整，單字視覺中心較為上方，下方多伸腳拉出為「上密下疏」單字視覺中心較為下方，底盤較寬扁為「上疏下密」。

圖表 4-3-3　骨籤單字疏密字例舉隅

種類	字　　　　例			
上密下疏	09109	00161	01223	10229
	護	第	燥	步
上疏下密	01484	11968	03777	00470
	關	六	萬	漢

骨籤在字形上有疏密開合的自然表現，是符合人類書寫的真實情況，偶有簡省筆畫，看出字形寫法亦不固定，是否具有美感的意識追求尚可繼續討論，不違自然書寫的情態，「上密下疏」使字的樣態顯得舒朗，可看到 09109「護」字、00161「第」字、01223「燥」字、10229「步」字皆有一筆主筆往下拉出，使字的疏密有了落差。01484「關」字、11969「六」字、03777「萬」字、00470「漢」字往左右的字勢較強，並無特別的粗細來調整其輕重變化，單看其字形骨架，「上疏下密」的情形明顯，感覺稚拙有趣，正是骨籤的藝術價值所在。

（二）單字寬窄

「寬窄」在單字左右間距空間的調整，單字視覺中心較爲右方，左邊較寬右邊較窄者爲「左寬右窄」，單字視覺中心較爲左方，左邊較窄右邊較寬者爲「左窄右寬」。

圖表 4-3-4　骨籤單字寬窄字例舉隅

種類	字		例	
左寬右窄				
	08934	07566	01258	13358
	猜	河	令	史
左窄右寬				
	01223	13574	11968	08937
	興	黃	九	佐

有行無列的字，往往單行的中心軸線垂直走向，影響了字的寬窄，骨籤的字例有疏密表現，自然也有寬窄的差異出現，但數量上並不是那麼多，「左寬右窄」的情形在左部件的面積寬於右部件，如 08934「猜」字、07566「河」字，或往左拉出的長筆畫使得字的重心自然游離往右，如 01258「令」字、13358「史」字。「左窄右寬」的特徵由 01223「興」字、13574「黃」字、11968「九」字、08937「伏」字觀察到字形重心往左下，而最後一筆往右拉長寫出，或是左邊部件面積小於右邊部件會出現「左寬右窄」的現象。

（三）合　文

合文指的是將兩字或多字，合併在單字書寫單位內，骨籤有數例合文例，內容多爲數字。

圖表 4-3-5　骨籤合文字例舉隅

字		例		
10229	00234	05710	00358	11968
五十	五十	六十	六十	六十

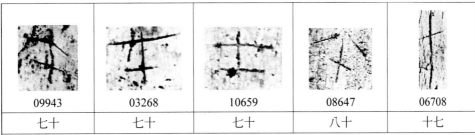

09943	03268	10659	08647	06708
七十	七十	七十	八十	十七

合文字將兩字緊密結合，骨簽合文字例有「五十」、「六十」、「七十」、「八十」四種情形。

（四）幾何特徵

特別的幾何性顯示出骨簽造型意識，主要分為「三角形」、「圓形」。

「三角形」的造型中可看出有較「正三角形」與「不等邊三角形」。「不等邊三角形」多是「口」形的變化形。

圖表 4-3-6　骨簽幾何特徵字例舉隅

字　例				
三角形	06441	13601	11031	01505
	絡	樂	關	茲
	01258	06441	10826	13944
	官	造	居	同
圓形	13555	00715	13959	
	甲	如	官	

「絡」在左偏旁上方、「樂」字上方、「關」字內部、「茲」下方的造型處理，以等邊三角形表現「幺」的構形，「官」字內部、「造」、「居」、「同」字亦將「口」構型做不等邊三角形幾何表現。「圓形」則有「甲」、「如」、「官」三例。

第四節 章法佈局關係

　　章法佈局，指的是文字在空間中的安排佈置，字與字、行與行之間的呼應承接的整體觀。由點畫線段、單字軸線的形狀、位置、尺度皆為章法構成的基本元素，隨著書手在書寫時的不斷調整變化而影響總體的章法呈現。

　　骨籤的書寫年代延續了百年之久，書手的不同、內容多寡與表現手法直接影響到契刻的風格，而契刻與書寫在材質上的先天差異，有時書寫與契刻兩者之間在字形結體上有時有所不同，有時又有其妙合之處，本節探討的重點在於骨籤的在單字與單字之間是如何承接連綴，行與行的關係是如何相互呼應。骨籤依據籤文內容的分別，有單片豎書一行字，也有單片多至豎書五行字。

　　而骨籤書寫風格有字體上的差異，隸意與草意在章法上略有差異，需分開討論。隸意類挑選 13358、13601 兩片河南工官類骨籤，草意類挑選 13355 穎川工官類骨籤、13476 南陽工官類骨籤，分「字座大小變化」、「字距關係」、「開闔外輪廓線」、「行氣與中軸線」、「整體章法」等面向探討骨籤書寫的章法佈局與其在書法史上的價值。

一、字座大小變化

（一）隸意類

圖表 4-4-1　隸意類骨籤字座大小變化分析表

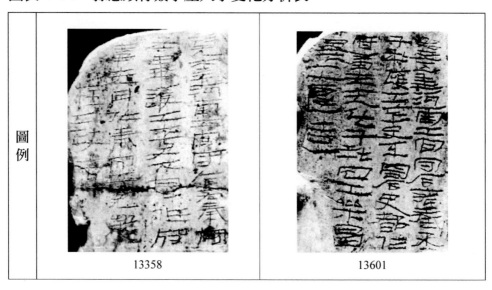

| 圖例 | 13358 | 13601 |

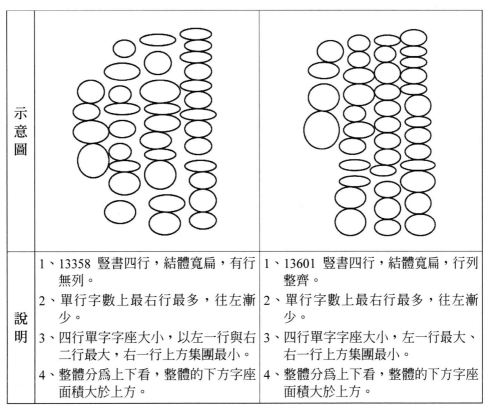

示意圖	
說明	1、13358 豎書四行，結體寬扁，有行無列。 2、單行字數上最右行最多，往左漸少。 3、四行單字字座大小，以左一行與右二行最大，右一行上方集團最小。 4、整體分為上下看，整體的下方字座面積大於上方。	1、13601 豎書四行，結體寬扁，行列整齊。 2、單行字數上最右行最多，往左漸少。 3、四行單字字座大小，左一行最大、右一行上方集團最小。 4、整體分為上下看，整體的下方字座面積大於上方。

（二）草意類

圖表 4-4-2　草意類骨簽字座大小變化分析表

圖例	

13355　　　　　　　　　　　　13476

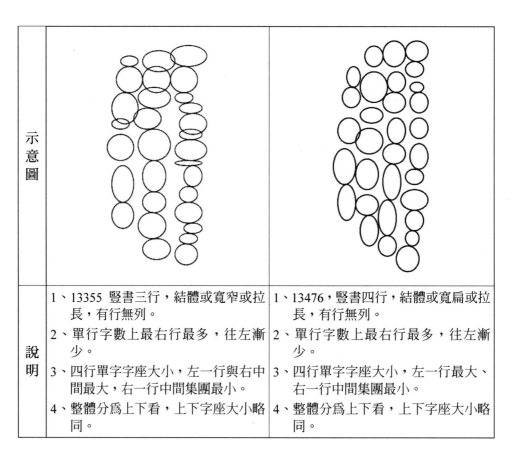

示意圖	
說明	1、13355 豎書三行，結體或寬窄或拉長，有行無列。 2、單行字數上最右行最多，往左漸少。 3、四行單字字座大小，左一行與右中間最大，右一行中間集團最小。 4、整體分為上下看，上下字座大小略同。	1、13476，豎書四行，結體或寬扁或拉長，有行無列。 2、單行字數上最右行最多，往左漸少。 3、四行單字字座大小，左一行最大、右一行中間集團最小。 4、整體分為上下看，上下字座大小略同。

二、字距關係

（一）隸意類

圖表 4-4-3　隸意類骨簽字距關係分析表

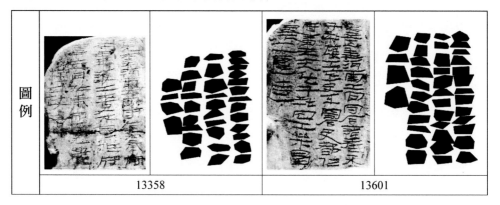

圖例	13358	13601

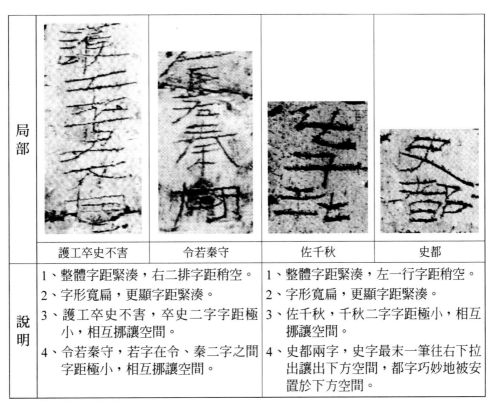

局部	 護工卒史不害	 令若秦守	 佐千秋	 史都

說明	1、整體字距緊湊，右二排字距稍空。 2、字形寬扁，更顯字距緊湊。 3、護工卒史不害，卒史二字字距極小，相互挪讓空間。 4、令若秦守，若字在令、秦二字之間字距極小，相互挪讓空間。	1、整體字距緊湊，左一行字距稍空。 2、字形寬扁，更顯字距緊湊。 3、佐千秋，千秋二字字距極小，相互挪讓空間。 4、史都兩字，史字最末一筆往右下拉出讓出下方空間，都字巧妙地被安置於下方空間。

（二）草意類

圖表 4-4-4　草意類骨籤字距關係分析表

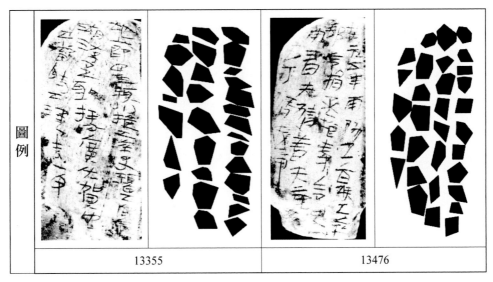

圖例	13355	13476

局部	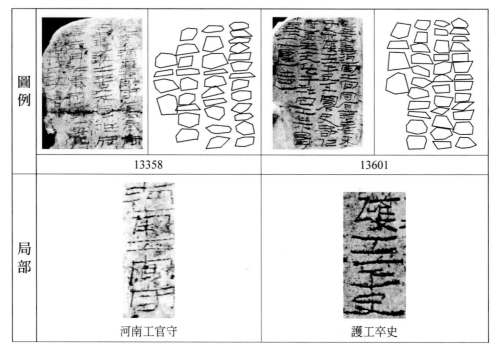	
	四年穎	官護工卒
說明	1、整體字距稍空，右一行略緊湊。 2、字形外圍呈多邊形，字距緊湊感較舒緩。 3、四年穎，穎字左高右低，左偏旁與年字字距極為緊密。	1、整體字距稍空。 2、字形外圍呈多邊形，字距緊湊感較舒緩。 3、官護工卒，官字較大，護字左小右大，兩字字距極為緊密。

三、開闔外輪廓線

（一）隸意類

圖表 4-4-5　隸意類骨簽開闔外輪廓線分析表

圖例		
	13358	13601
局部		
	河南工官守	護工卒史

說明	1、單字字形寬扁，多爲梯形結構。 2、左右開闊變化小。 3、河南工官守，爲河南工官類骨簽必有的共同簽文內容，重複度與熟練度高，左右開闊差距極小，中軸線上下對齊。	1、單字字形寬扁，多爲梯形結構。 2、左右開闊變化小。 3、護工卒史，爲骨簽常見的共同簽文內容，重複度與熟練度高，左右開闊差距極小，中軸線上下對齊。

（二）草意類

圖表 4-4-6　草意類骨簽開闊外輪廓線分析表

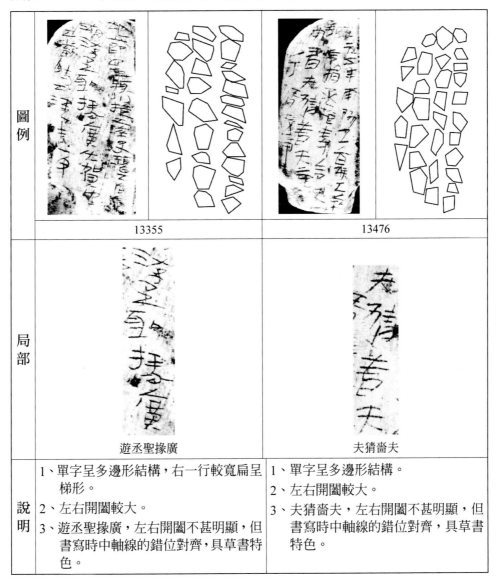

	13355	13476
局部	遊丞聖掾廣	夫猜齧夫
說明	1、單字呈多邊形結構，右一行較寬扁呈梯形。 2、左右開闊較大。 3、遊丞聖掾廣，左右開闊不甚明顯，但書寫時中軸線的錯位對齊，具草書特色。	1、單字呈多邊形結構。 2、左右開闊較大。 3、夫猜齧夫，左右開闊不甚明顯，但書寫時中軸線的錯位對齊，具草書特色。

四、行氣與中軸線

　　骨簽的中軸線皆有斜度，隸意類的斜度較爲上下垂直，草意類傾斜角度較大，由中軸線的連接方式可看出隸意類骨簽與草意類骨簽在行氣表現上也有所不同。

　　行氣是構成書法內在節奏的韻律，軸線變化可作爲分析行氣的參考支點。邱振中認爲，在軸線承接的累積發展過程中，可慢慢歸納出軸線端正、行列整齊，軸線承接準確且嚴密的工整化一類，以及從甲骨文即存在的奇異連接一類，即單字之間的錯位對齊連接方法，對齊單字的部分構件作爲新軸線的發展，這兩類軸線相輔相成而能在後來的書法家的作品中有高度審美化的發揮與討論。〔註16〕

　　骨簽並存著隸意與草意兩類書寫風格，隸意類骨簽在單一軸線上，字與字之間多對齊單字的中線，隨著某些單字的撇捺拉伸而造成單字動勢，而產生了新軸線，整體而言軸線與軸線之間獲得視覺上良好的對齊感。草意類骨簽在軸線與軸線的長度變化度大，軸線有長有短，軸線之間連接的方法常對齊單字部分結構而往下書寫，產生新軸線。骨簽書手能夠良好的書寫出單字的結體欹側變化，在軸線連綴方法上也有相當豐富的表現，暗示著後來成熟的隸書與草書在行軸的構成上有不同變化的潛力。

　　以隸意書寫的骨簽與草意書寫的骨簽，以直向來看，皆有行無列，以橫向來看，隸意類骨簽雖並不刻意對齊，字座不等大，每行起頭處也不一定等高，但與草意類骨簽相比，橫向的意識明顯強烈。在後世書法逐漸將筆法精確化、高度審美化，將隸書與草書的章法分開討論之前，骨簽在章法上的意義幫助我們理解在原初的書寫發展狀態以下就骨簽隸意類與草意類的中軸線的分析，觀察骨簽在兩類軸線技巧上的差異。

（一）直向行氣
1、隸意類

〔註16〕邱振中，《筆法與章法》（上海，上海書畫出版社，2005），頁53～66。

圖表 4-4-7　隸意類骨簽行氣與中軸線分析表

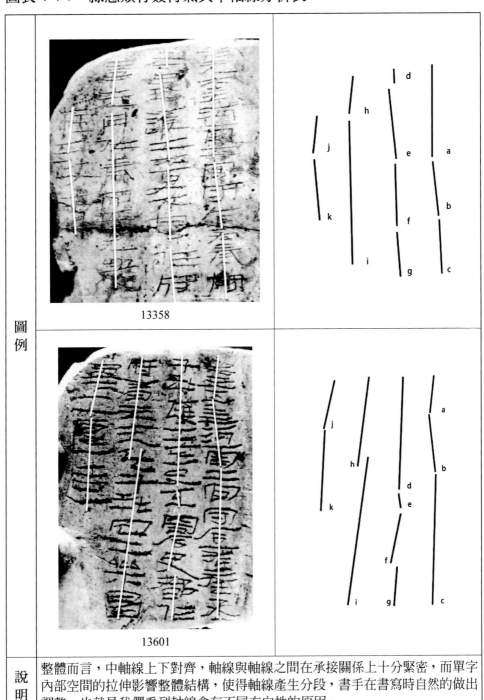

圖例	13358
	13601
說明	整體而言，中軸線上下對齊，軸線與軸線之間在承接關係上十分緊密，而單字內部空間的拉伸影響整體結構，使得軸線產生分段，書手在書寫時自然的做出調整，也就是我們看到軸線會有不同方向性的原因。

2、草意類

圖表 4-4-8　草意類骨簽行氣與中軸線分析表

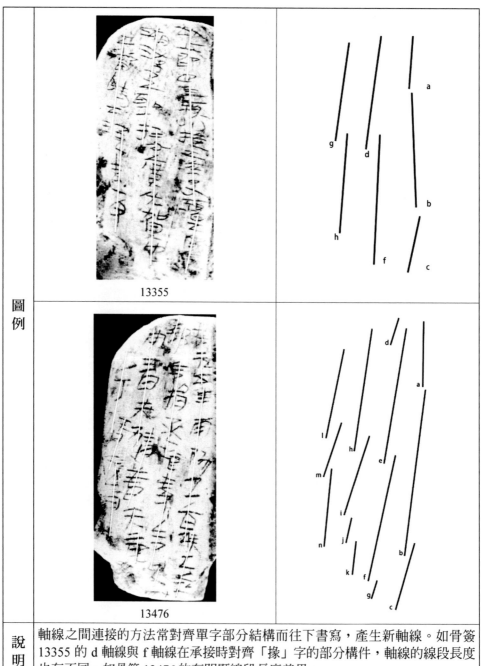

| 圖例 | 13355 |
| | 13476 |

| 說明 | 軸線之間連接的方法常對齊單字部分結構而往下書寫，產生新軸線。如骨簽 13355 的 d 軸線與 f 軸線在承接時對齊「㮩」字的部分構件，軸線的線段長度也有不同，如骨簽 13476 的有明顯線段長度差異。 |

（二）橫向行氣

1、隸意類

圖表 4-4-9　隸意類骨簽橫向行氣分析表

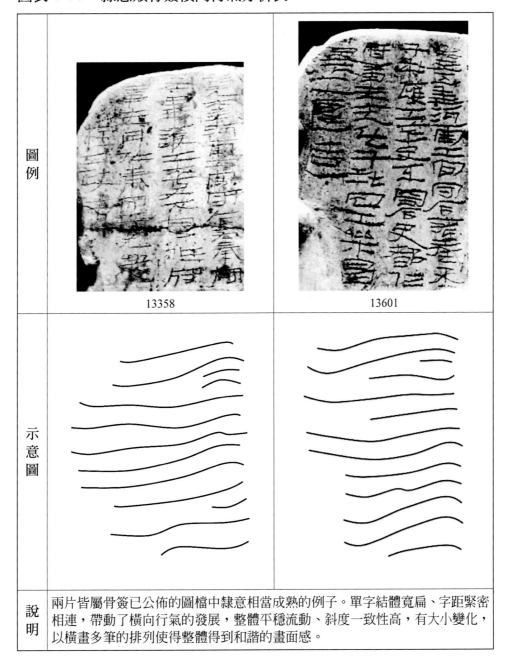

圖例	13358	13601
示意圖		
說明	兩片皆屬骨簽已公佈的圖檔中隸意相當成熟的例子。單字結體寬扁、字距緊密相連，帶動了橫向行氣的發展，整體平穩流動、斜度一致性高，有大小變化，以橫畫多筆的排列使得整體得到和諧的畫面感。	

2、草意類

圖表 4-4-10　草意類骨簽橫向行氣分析表

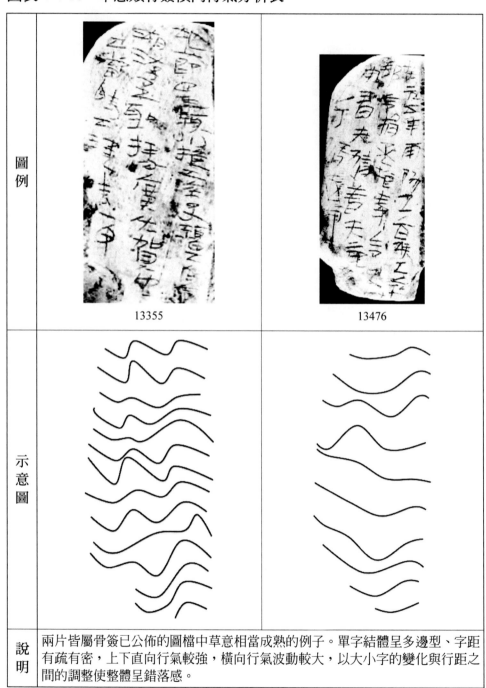

圖例	13355	13476
示意圖		
說明	兩片皆屬骨簽已公佈的圖檔中草意相當成熟的例子。單字結體呈多邊型、字距有疏有密，上下直向行氣較強，橫向行氣波動較大，以大小字的變化與行距之間的調整使整體呈錯落感。	

五、線質表現與通篇視覺

　　骨籤記載的內容，同一類每片內文相差不大，例如工官類骨籤內容之間官職名稱在不同骨片中反覆出現，但因骨片的寬窄細短不一，年代的差異，書寫風格不同，造就每片的章法變化都不盡相同，透過前述所指出的骨籤行氣是處於字體演變時期，伴隨著字體的成熟，屬於該字體的行氣、章法亦漸漸成為獨特的審美，如行氣較為自然排序的秦代銘刻、與上下垂直的書寫所帶動行氣的居延漢簡，與橫向行氣對齊且已具一定法度的整飭化東漢碑刻，在章法佈局有不同的意趣之外，皆反映了不同的線質表現與通篇視覺，此段試由線質表現與通篇視覺來欣賞骨籤的玩味之處。

圖 4-4-1〔註17〕　秦代詔版　　　　圖 4-4-3〔註19〕　西漢居延簡

圖 4-4-2〔註18〕　東漢石門頌

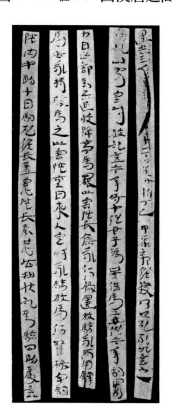

〔註17〕圖片來源，孫慰祖編《秦漢金文彙編》，頁26。
〔註19〕圖片來源，西林昭一編《簡牘名蹟選8——甘肅篇（三）》，頁46。
〔註18〕圖片來源，黃惇編《秦漢魏晉南北朝書法史》，頁97。

（一）刀感線質差異

秦漢時期的文字遺存，以簡帛、刻石、銅器銘刻、璽印封泥和陶文爲大宗。而這些記錄秦漢文字的載體材質不盡相同，骨簽以動物骨骼（主要以牛骨）製作而成，文字均直接契刻在磨光平面上，不同骨片的硬度、著刀線條各有差異，呈現骨簽書法線條的豐富性，是研究骨簽書法時需要特別注意的地方。

在秦漢的硬筆書法中，使用尖銳的工具契刻在非柔軟的載體上，這種屬於「硬碰硬」的文物有許多，常見的有磚陶、銅器上，磚陶因乾燥的胚體的成分而有鬆脆程度的分別，刻劃出來的線條自然不同，銅器亦然。骨簽書寫在牛骨上，器具應當也有不同，而刀器的鈍或銳影響的是線條細節的處理，在線條本身的質感上所反映出的應是載體的性質。孫慰祖先生認爲，秦漢金石銘刻與書體風格有著一定聯繫的是線條的形式，他將線條形式分爲「圓潤平和」、「方勁凝重」、「猛利明快」三種。〔註20〕而舉秦漢金石文字線條爲例：

> 圓潤一路多是漢器中所見，代表作品有黃山銅絹、甘露二年方爐等。線條暢達勻和，富有清秀和流動的意味，顯然鑿刻比較講究舒緩穩健。新莽的銅器也多屬於此類風格。

> 方勁凝重乃是秦漢器銘線條的主體風格。由於刊刻工具、方法的特點，秦代銘刻基本上是藏頭護尾、緊馭戰行的形式，因而具有厚重凝練的效果。漢金文仍多採用平啓平收的刊鑿方式，行進亦不過於疾速，故挺拔而不失含蓄渾厚。此類文字在結體上仍屬比較工緻，線條勻落，保持橫平豎直的基本規範，具有代表性的有薗川金鼎、新豐宮鼎、第七平陽鼎、濕成鼎、陽泉熏爐等器銘。鑄銘中的長相思鏡、長毋相忘鏡等也屬此類。

> 猛利明快型的銘文，刊鑿工具與當前者略有不同，方法亦見差異，其起刻較輕而迅捷，漸進漸深，故刊刻時多與書寫的起止逆向起刀，形成筆劃煞尾尖利的特點，具有一種犀利峻拔的氣象。南宮鍾、上林鍾、陽朔四林鍾、南陵鍾等都是屬於這一類的作品。此種鑿法在東晉十六國印章也多見採用。

〔註20〕孫慰祖，《秦漢金文概述》。頁 10～12。

圖 4-4-4〔註21〕　　黃山銅銷

圖 4-4-5〔註22〕　　薔川金鼎　　　圖 4-4-6〔註23〕　　南宮鍾

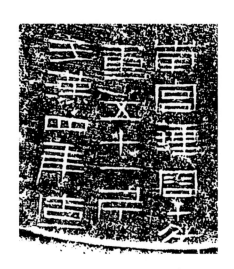

　　而骨籤的考古報告中指出，骨籤牛骨製作而成，加工成長條形。文字刻寫在圓弧面再經處理的磨光平面上，觀察小原俊樹與劉慶柱先生編著的《漢長安城骨籤書法》一書所錄骨籤的圖像，觀察到骨片的軟硬度並不一致，刊

〔註21〕圖片來源，孫慰祖《秦漢金文彙編》，頁 179。
〔註22〕圖片來源，孫慰祖《秦漢金文彙編》，頁 84。
〔註23〕圖片來源，孫慰祖《秦漢金文彙編》，頁 120。

刻的線條自然也產生不同的線質。

　　目前未央宮出土之骨簽以工官類的圖檔最多，其中又以河南工官類的數量占多數，穎川工官類次之，南陽工官類最少，以河南工官類骨簽有相當多不同線質的變化，可作爲骨簽線條分類的一個重要參考。筆者以河南工官類取風格特出的三片骨簽，分「溫潤酣暢」（見圖 4-4-7）、「凝煉遲澀」（見圖 4-4-8）、「細勁明快」（見圖4-4-9）三類並擷取共同字清楚比對其線質差異。

　　而骨簽的字體相較於秦漢金文，隸意更爲濃厚，審視字體與線條之間的表現形式，「溫潤酣暢」的表現結體自然舒張，點畫有伸有縮，「凝煉遲澀」較有金文風範，結體多方正，「細勁明快」字距變化最大，行筆率眞。筆者進一步選取相同字例，以便比較刀感線質的差異。

圖 4-4-7〔註24〕13601（局部）　　　圖 4-4-8〔註25〕01132（局部）

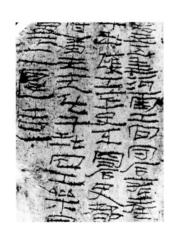 

〔註24〕圖片來源，劉慶柱‧小原俊樹《漢長安城骨簽書法》，頁 180。
〔註25〕圖片來源，劉慶柱‧小原俊樹《漢長安城骨簽書法》，頁 82。

圖 4-4-9〔註26〕06441（局部）

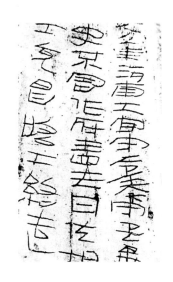

圖表 4-4-11　骨籤刀感線質差異分析表

釋文	溫潤酣暢	凝煉遲澀	細勁明快
河	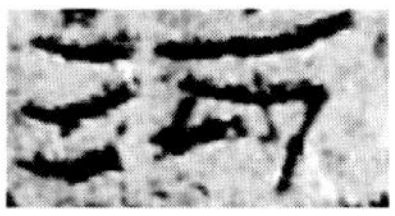 13601	 01132	 06441
南	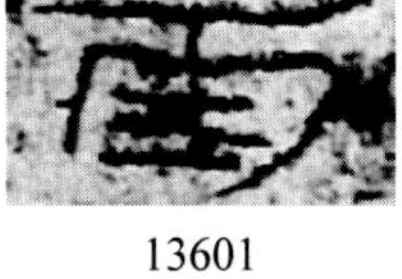 13601	 01132	 06441
工	 01258	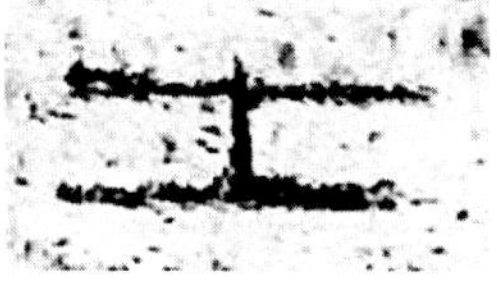 01132	 06441

〔註26〕圖片來源，劉慶柱・小原俊樹《漢長安城骨籤書法》，頁 186。

官	 01258	 01132	 06441
令	 01258	 01132	 06441
丞	 01258	 01132	 06441

（二）近乎微雕

　　骨簽的形制長約 5.8 公分到 7.2 公分，寬約 2.1 公分到 3.2 公分，如此的空間書寫數行，依內容多寡，分成一行至四行不等的不同情形，單片骨簽最多須書寫近 40 字，對非經過專業書寫訓練，是難度極高的技巧。筆者有幸透過劉慶柱先生的幫忙，得以前往北京中國社科院考古所，近距離觀看骨簽實物近乎微雕的技巧。

圖 4-4-10〔註27〕　骨簽實物照 1　　　圖 4-4-11〔註28〕　骨簽實物照 2

〔註27〕圖片來源，筆者攝影。
〔註28〕圖片來源，筆者攝影。

圖 4-4-12〔註29〕　骨籤實物照 3　　　圖 4-4-13〔註30〕　骨籤實物照 4

（三）質地因素差異

　　骨籤書寫載體有許多質地差異，對契刻的線條有一定程度的影響，有更多不同變化，而使骨籤在不同骨片的通篇視覺有特殊的美感。筆者依公佈的圖版，以自己的感受與判斷，對骨籤載體質地進行歸納分類。可大致分為：「橫裂紋」、「直裂紋」、「光滑」、「斑點」四種不同質地所造成的視覺感受，許多骨籤是複合這些特質的，此處僅列出具代表性的骨籤局部。

圖表 4-4-12　骨籤質地差異分析表

種　類	骨　　籤　　圖　　例	
橫裂紋	04987	11078

〔註29〕 圖片來源，筆者攝影。
〔註30〕 圖片來源，筆者攝影。

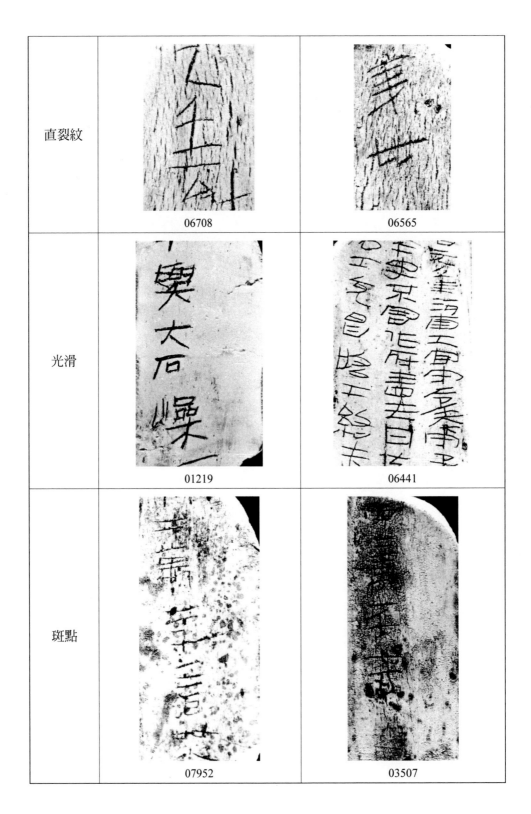

直裂紋	06708	06565
光滑	01219	06441
斑點	07952	03507

（四）理化因素差異

骨籤載體所使用的牛骨，多為白色與黃白色，因理化因素，又有灰色、黑色與褐色等不同顏色差異的骨籤。

圖表 4-4-13　骨籤理化因素差異分析表

種類	骨　籤　圖　例	
白	11155	03333
黃白	04810	07194

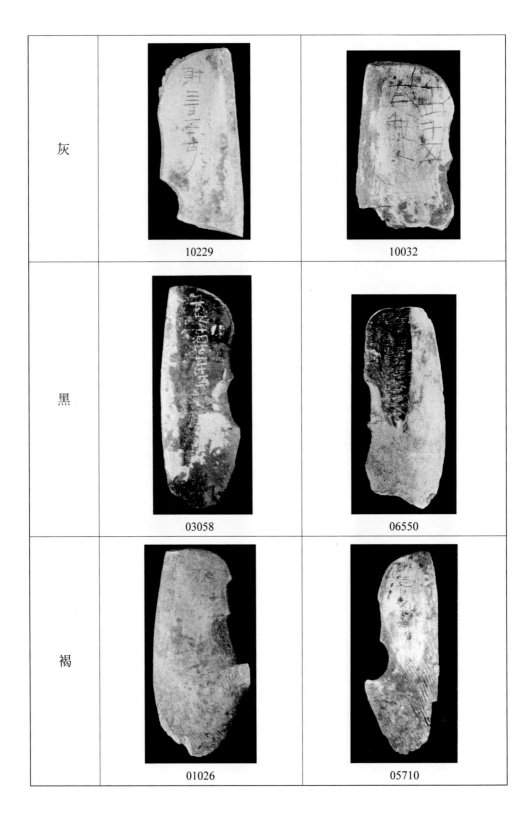

灰	10229	10032
黑	03058	06550
褐	01026	05710

第五章　骨簽書法的二重性

第一節　毛筆書寫與硬筆書寫的關係

　　「書寫」是人類為了以圖形部分或全部複製人類的話語、思想及其他事物，而採用標準化的系列符號。出現完備的文字之前，人類為了儲存訊息，大量利用圖形象徵和共同普遍的記憶輔助形象，包括人形圖、動植物、太陽、星星、彗星等幾何圖案來達到溝通的作用，這些在成熟文字尚未確立前的「初始書記」，以圖形的形象把物體與話語聯繫起來，經過人類的社會活動之下長時間的持續變化，邁向成熟符號－文字。

　　這樣邁向成熟系統化的過程中，與「書寫載體」的關係實密不可分，他們彼此創造意義，具有相互取向關係，在不同社會生活演化條件的關係中，人類在不同「書寫載體」的應用選擇上，會順著從生活的實用面向中發展書體的「多樣性」與「適應性」的造型意義。在具有明確的形體和形式圖像的共同認知體系前提下，文字與書寫載體的兩者互動之下產生的文字書寫樣貌，發展出相關的規範與制約，達到可觀、可讀、詮釋和傳達意念的功能條件。而書法的意義更在於這樣的基礎當中，更具備造型結構表現的特質。

　　書法作為文字的書寫記錄的藝術形式，從起源到發展有著悠久的歷史，「文字」與「書寫」構成了書法的最基本條件。在文字被書寫的同時又能「表現」，表現的技能與藝術的理念，讓書寫文字尚往了「書法藝術」的境界。而初始的書法藝術，現在回看出土文物可知往往是因生活實用而產生，離開實用而獨立追求美學意識表現則是長期以來書法史所重視的整體，在對於書法發展完整的體系認知，書寫載體包含骨片、竹帛、陶塼、金石、紙張等等，

以書寫工具的角度而論，古代的書寫工具應可以「毛筆」與「非毛筆」之屬作爲分類的準則。

林進忠先生將書寫工具區分爲毛筆書法、硬筆書法、複製書跡、文字造型藝術表現四種〔註1〕，這四種實際上使用「筆」且「自然不裝飾」的書寫而成爲前兩種。也是此節筆者所想帶出的討論範疇，毛筆與硬筆的書寫有其工具自身的特殊性質，兩者在彼此物理特性的差異下，產生不同樣的書寫表現；但一方面，特定的書寫表現中，筆畫書寫上也俱有共通的面貌與慣性。在往下討論之前，我們先針對分別毛筆與硬筆的基本背景做些陳述。

毛筆書法多書寫在竹、帛、紙張等，所表現出的文字結構與筆畫粗細特點、書寫所產生的筆墨趣味，是現今一般對「書法」一詞形成通識的主體部分，毛筆之屬的書寫極具便利性，筆毫的物理特性，具有彈性與收束力，書寫在竹、帛、紙張上，塗改迅速，扭轉與使鋒等等表現與書者技巧有相當的關聯，技巧純熟者，更可運用毛筆的輕、重、點、頓、停、走等作爲個人情感的視覺呈現。

硬筆書法是以非軟質的工具所呈現，觀察古代中國文字與書法史料可知，毛筆書法與硬筆書法的關係在歷史發展中，硬筆書法必然是早於毛筆書法的，甚至我們可以進一步說，硬筆的使用早於書法的出現，在史前已有刻劃符號的行爲，文字的直接刻寫在甲骨、鐘鼎、劍戈、貨幣、玉器銘文、陶磚上亦早於毛筆書寫，諸多的歷史文物上有著硬筆的書寫字跡，記錄當時人類的思想溝通與生活樣態。在金屬器物上，有使用特殊工藝法將字表現在器物上的鑄銘者，亦有不加修飾地書寫或刻寫在器物上的刻銘者。另有竹筆或刀等硬器在甲骨、碑版、竹、木、陶、瓦等用「單刀刻寫」的作品，筆者在此稱此類史料爲「單刀書法」。他與今日用鋼筆、簽字筆、粉筆、麥克筆等自然書寫的作品異曲同工。硬筆書法在文字結構上或可謂與毛筆書法相去不遠，但所成的筆畫粗細形質、書寫或刻寫產生的趣韻則另具風味，與毛筆書法所表現者不同。

如上述所言，非毛筆之屬的硬筆書法仍有「鑄造文字」與「刻寫文字」兩類，不可混同。刻鑄文字早於以筆墨書寫，青銅器銘上的文字多屬鑄造，以器模刻銘法或銘範嵌入法而成，如《毛公鼎》、《散氏盤》、《秦公簋》等，

〔註1〕 林進忠，〈古代文字書法製作背景的綜合研究例〉，《1993 年書法論文集》（臺北，中華民國書法教育學會出版，1993），頁肆-2。

其特點為器銘的凹槽線條的溝槽底面，因翻模灌鑄工法的製造過程中，力求美觀而不見刀痕、修飾成勻齊平整，不同於自然刻寫在器銘上的趣味，但其穩重潤藏的線條表現亦有一番風情。

　　刻寫文字在甲骨、青銅、碑版、陶瓦上可見，從刻寫形式可分為單刀與複刀，前者簡便、率真、留下刀痕、也無重複修改增補的動作，忠實的反映刻寫者的文字書法學養與制作理念；後者相對于前者較為修飾，往往一筆畫經過多次刻鑿而成，制作理念與單刀刻寫有明顯差異，歷代石刻中，漢代石刻有不少是未經過書丹便直接刻鑿，文字大小各異，刻鑿者便是表現者，亦有經過書丹後刻鑿的石刻，此時刻鑿者為技術者，書手才是文字書法的表現者。

　　因此，最貼近實際書寫，能夠反映真實的文字樣貌及書寫習慣的硬筆書法，是單刀的刻寫文字。刻鑿的書手即是書寫的表現者。大批的西漢未央宮骨簽出土資料中，觀察骨片表面並未書丹即直接刻鑿，其書寫表現的藝術性自然值得探究玩味。惟其出土報告中，不見針對刻寫工具的挖掘報告，據筆者前往北京詢問負責挖掘未央宮骨簽的劉慶柱先生說法，並未挖掘到可推斷為骨簽書寫工具的器具，但應是以尖銳硬器刻寫而成。

　　刻寫使用的工具，首先可以從「書寫載體」來思考「書寫工具」的選取與使用，工具是隨著載體的改變而被發明生產的。研究敦煌硬筆書法的李正宇先生指出硬筆可分為三類。〔註2〕硬筆有初始及改良過後的差異：

　　第一類是不沾墨色、單純刻劃痕跡之硬筆，以竹、木、骨、角、石或金屬做材料，削磨出鋒刃，用其鋒刃在陶器、龜甲、獸骨、金石或竹木等材質平面上直接刻劃。依材料的不同，有竹筆、木筆、骨筆、角筆、刀筆等不同指稱，可統稱「原始硬筆」。

　　第二類硬筆相較原始硬筆，更為精良，削磨出銳鋒、鈍鋒、平口、斜口等不同行制以利有不同的書寫表現，除與原始硬筆直接刻劃的功能相同之外，亦可沾天然色，如紅土、白土、木炭、石墨及植物性有色汁液；也有人工合成色，如漆加石墨製成漆墨等。

　　第三類硬筆，是取用有色的天然物質直接加工，製成塊狀、片狀、條狀、或削磨鋒利如上述硬筆的形狀。

　　此三類硬筆，前二類以實用性質為出發，皆可刻寫在較硬的載體上，在

〔註 2〕參見李正宇，《敦煌古代硬筆書法》（蘭州，甘肅人民出版社，2007），頁9。

載體表面會留下凹痕，而第三類以有色天然物質直接加工成鋒利硬器，刻寫在載體表面則無太實質效果，若想以有色的表現在較硬的載體上，一般會先刻寫出來，在凹痕部分填加顏料，達到有色的效果，而非直接以有色的尖銳硬器刻寫。第三類硬筆多書寫在絹帛紙張上，從美觀與標示的成分出發意味較大，與現今原子筆的使用意義上相當接近。

單刀書法在物理特性與毛筆書法產生差距，而書法史上對其書寫的方法卻甚少琢墨，書法家多毛筆爲書法表現爲主流，單刀與毛筆書法在點、線、面的表現上固然有一定的差異，無法一概而論。如李正宇先生在陳述敦煌漢字硬筆書法與毛筆書法筆畫的差異時認爲：〔註3〕

> 通常以爲毛筆漢字的筆畫造型，不外點、面、線三型。但據實而論，他的點和線，無不具有粗細、寬窄、肥瘦、張縮的變化，形成鮮明的寬窄對比，因而無不具有明顯的面性性質。毛筆楷書如此，其行、草二體亦復如是。所以嚴格地說，漢字毛筆書體的隸、楷、行、草，其筆畫造型無不是不同方向、不同形狀、不同長短、不同大小的面，哪裡還有什麼「線」的意味？所以，嚴格地說，毛筆書體筆畫的基本屬性是「面」，而不是「線」。

手執毛筆，進入載體介面之後往下按壓毛筆，書寫方向往下帶出起筆面後、向右拉出線條，這樣的動作是毛筆書法進行橫畫書寫時的起筆與運筆階段，其他筆劃如豎畫、撇畫、點畫、勾畫等筆法，皆是進入載體介面隨著力道的加重或減輕以及行進方向的改變做出線條情感的改變，已經製造出不同的粗細與「面」的表現，在這裏李正宇先生認爲這樣的線條的基本屬性是「面」，而非是單純的「線」。

又說：

> 敦煌古代硬筆書體，無論是點或是線，都保持著線條的基質，不見明顯的面性呈現，至少在視覺上不給人造成面的印象和面性張縮的聯想，嚴格地說，敦煌古代硬筆書體的點，不過是線的縮短；敦煌古代硬筆書體的線，不過是點的延長或曲折。點和線的區別，只是線的長、短、曲、直之不同而已。……總而言之，一個是面性筆畫，一個是線性筆畫，兩者造就了毛筆書體與硬筆書體本質

〔註3〕李正宇，《敦煌遺書硬筆書法研究——兼論中國書法史觀的革新》（臺北，新文豐出版社，2005），頁45

的區別。〔註4〕

李正宇先生從敦煌硬筆寫本的研究，推展到甲骨文、商、周、秦金石文字皆是硬筆書法的表現，體現硬筆書法特有的造型與氣質，從現存的出土文物的風格比較來看，硬筆書法與毛筆書法寫法上最相似的時間點，在秦漢毛筆簡牘與秦漢硬筆書法中單刀書法是最值得研究的材料，漢代以後毛筆精良化、書法美學的文人化，進入了以毛筆書法為主的發展。

綜合以上爬梳，筆者認為，單刀書法對於書法發展整體的面貌，其重要意義至少有以下幾種情形。

其一，在單刀書法中自然刻寫所帶動的筆意，是影響後世毛筆書法筆法成熟的前條件，刻與寫的關係，硬筆與毛筆所需的書寫技巧，在西漢時期發展到了同樣高度，爾後再因書寫的載體轉變、器具精良化、書家集團的出現與書法美學的討論，毛筆書寫才成為主流。

其二，自身的刻寫線條組字概念從陶片刻劃、甲骨文以降文字寫法的轉變，發展出對部件寫法的理解，毛筆使用的出現，硬筆的書寫結體原則及筆畫組合規加以吸收利用，在線條長短伸縮、方向轉折及有機組合的結構形成自己的體式，與毛筆書寫大相其趣。

其三，單刀的線條刻劃，其動作雖然簡單不刻意追求表現效果，隨著刀的角度、載體的硬度不同，線條或柔麗、嚴整、豪氣、錯落、厚重、溫潤等種種不同豐富表現，直接不造作的直接反應，這樣的單刀「書寫」，強調點線的搭配與線條的疏密變化，與現今對篆刻歸納出的某些基本形式美學不謀而合，筆者將在本章第三節針對骨籤自身特性與篆刻中書法入印的概念做延伸討論。

第二節　骨籤書法的刀筆相生

骨籤的研究文章，多從骨籤形制上討論其性質及刻文內容方面，對骨籤書法契刻法方面著墨甚少，骨籤多在牛骨上科製，從它的書寫載體，一定程度上可與商代甲骨文做個連結，如黃惇所形容的：「說明中國古代以骨料為刻寫仔體的現象至少持續到西漢時期。」〔註5〕而刻字的骨片上的刻痕字跡，王

〔註4〕李正宇，《敦煌遺書硬筆書法研究——兼論中國書法史觀的革新》（臺北，新文豐出版社，2005），頁46。

〔註5〕黃惇，《秦漢魏晉南北朝書法史》（南京，江蘇美術出版社，2009），頁120。

曉光認爲：「所有骨簽未見朱書墨痕，均爲直接契刻，這與甲骨文常常書而後刻有所不同。文字細小，近于微雕。」〔註6〕

　　關於契刻地點與工具，挖掘者劉慶柱描述：「我們並沒有找到契刻骨簽文字的工具，但這些骨簽肯定是在這兒（三號遺址）刻的，因爲同時出土的還有五千多片沒刻的骨簽，一手交貨一手刻，雙方驗證後就在這裡存起來。關於契刻工具，很遺憾，沒有找到，但可以研究。通過電子顯微鏡照下來，通過微痕研究做些模擬考古，比如假設使用脫碳鋼做個工具刻一刻，如果相符，就可以作爲推測的證明，但能夠找到工具是最好的了。這個遺址出土了很多工具，但都不是刻骨簽文字的。甲骨也一樣，契刻文字的工具也不知道，目前也是推測。」〔註7〕

　　契刻骨簽上的文字工具未清楚找到，筆者試圖將重點放在骨簽的書寫狀態。筆者由骨簽現已公開骨片照片，由學習書法與篆刻的角度來審視骨簽，其契刻用刀如筆、用筆如刀，也就是骨簽契刻行爲，其書寫行爲所使用的工具意識爲「刀筆相生」。「刀」指的是刀法，「筆」指的是筆意，骨簽直接刻寫的單刀方法反映了必要的書寫感－筆意，筆意是指毛筆的圓錐體構造在平面上運行三維空間想像的視覺結果。

　　骨簽文字是承接著篆書通往隸書、草書樣貌，且具有楷書用筆特徵的軌跡，換句話說，是古文字階段將要結束，往今文字發展的過程，在文字演變上具有明顯的承先啓後作用，今日我們將骨簽文字字體歸類於隸書，也就是其重要性上承篆書遺脈，下啓楷書源流。在隸書用筆與其他字體雖有不同之處，也有共通的法則。「隸書的筆法相對於以後的楷書、草書，還不是很成熟，但入、行、轉、收這四項基本的動作，在用筆的原則上，則與其他書體共通的。」〔註8〕

　　入、行、轉、收作爲筆意的判準關鍵，而硬筆書法的筆意可從字跡的起筆鋒芒做判讀，單刀契刻可分爲「刀鋒正入」和「刀鋒斜入」兩類。〔註9〕刀鋒正入者，依筆畫形勢下刀，大略將筆劃表現清楚而少細膩變化，往往隨著

〔註6〕王曉光，《新出漢晉簡牘及書刻研究》（北京，榮寶齋出版社，2013），頁301。
〔註7〕《書譜──骨簽專輯》第102期（香港，香港書譜出版社，2010），頁104。
〔註8〕鄭培亮，《一筆一畫──關於隸書的書寫狀態》（北京，榮寶齋出版社，2011），頁304。
〔註9〕鄭培亮，《一筆一畫──關於隸書的書寫狀態》（北京，榮寶齋出版社，2011），頁292。

筆劃行走而不意崩裂，崩裂處常與點畫混同；刀鋒側入者，多見刀趣，線條
兩側一邊光滑另一邊殘破，類似今日篆刻邊款。

　　李正宇先生認為：「硬筆並無所謂正鋒側鋒，只在筆尖的製作上分別有銳
尖、鈍尖、平口、斜口等不同鋒口而已。」〔註 10〕依筆者判斷，就骨籤的契
刻狀態觀察，確實存有多種不同線條與起收的表現，硬筆的執刀法目前雖無
法確定，但再入、行、轉、收等筆畫特徵上無疑有正、斜的入鋒差異以及尖
口、平口、斜口等不同筆尖的分別，是需要再進一步深入探究的問題意識。

　　此節著重於與秦陶文、漢金文等單刀契刻書跡與居延漢簡的筆畫特徵做
一比較，觀察骨籤書法在書寫工具上為刀筆相生的書寫意識。

（一）與秦陶文比較

　　秦陶文是研究秦文字的重要實物，散見於磚瓦、陶器殘片上，書寫風格
與秦代金文略同，線條瘦勁剛健，書寫習慣上多屬小篆，從書寫角度與骨籤
用筆作分析，秦陶文波挑先縱向再挑出，橫畫直接往右書寫，未在起頭處先
壓按後往右拉出，骨籤已有些橫畫書寫意識為毛筆書寫的三維空間。

圖表 5-2-1　骨籤與秦陶文在鋒口表現的差異分析表

字例	秦陶文	骨籤	說　明
四	345	13355	入：骨籤如毛筆起筆順勢帶出。 行：骨籤行筆較富提按。 轉：秦陶文未有明顯轉折，接近圖畫式書寫，骨籤有明顯轉折，應為一筆畫帶出，不分為兩次表現轉折。 收：骨籤出鋒的書寫表現類似毛筆。
五	522	13601	入：骨籤如毛筆起筆順勢帶出。 行：骨籤行筆較富提按。 收：骨籤更具隸書特徵作燕尾狀

〔註 10〕參見李正宇，《敦煌古代硬筆書法》（蘭州，甘肅人民出版社，2007），頁 114。

九	440	12172	入：骨簽如毛筆起筆順勢帶出。 行：骨簽行筆較富提按。 轉：彎鉤處骨簽明顯如毛筆的書寫表現，以一筆契刻，圓弧90度後帶出。 收：骨簽撇畫書寫表現類似毛筆。彎鉤出鋒具隸書特徵作燕尾狀
石	2996	11959	入：骨簽如毛筆起筆順勢帶出。 行：骨簽行筆較富提按。 轉：骨簽在撇畫處具隸書特徵，往下書寫後往左拉出，秦陶文保留小篆特徵，直接往下拉出。 收：骨簽出鋒書寫表現類似毛筆。
安	260	02632	入：骨簽如毛筆起筆順勢帶出。 行：骨簽行筆較富提按。 收：骨簽出鋒書寫表現類似毛筆。
楊／陽	1390	08506	入：骨簽如毛筆起筆順勢帶出。 行：骨簽行筆較富提按。 收：骨簽出鋒書寫表現類似毛筆。

（二）與漢金文比較

西漢《陽泉使者舍熏爐銘》年代不詳，但與骨簽相同爲直接刻寫于器物之上，結體上隸意已然成熟，行列分明而字取橫勢，筆調上少波勢、少粗細變化，用筆承秦陶文而來，線條更爲溫潤，不做過多鋒芒。與骨簽相比，骨簽用刀帶入更多毛筆的筆意，行筆更爲流暢率眞，而寫法上更爲簡化，連筆草寫的情形時而有之。

圖 5-2-1〔註11〕　　陽泉使者舍熏爐銘

圖表 5-2-2　骨籤與漢金文在鋒口表現的差異分析表

字例	漢金文	骨籤	說　明
年	車	 12460	入：骨籤如毛筆起筆後順勢帶出筆畫。 行：骨籤行筆較爲輕盈、富提按。 收：骨籤更具隸書特徵作燕尾狀

〔註11〕圖片來源，孫慰祖《秦漢金文彙編》，頁 256。

史		13355	入：骨簽如毛筆起筆後順勢帶出筆畫。 行：骨簽行筆較爲輕盈、富提按。 轉：骨簽與漢金文轉折皆作兩筆，惟骨簽更爲簡化。 收：骨簽史字撇畫處與反捺收筆輕快，出鋒的書寫表現類似毛筆。
守		13357	入：骨簽如毛筆起筆後順勢帶出筆畫。 行：骨簽行筆較爲輕盈、富提按。 轉：漢金文轉折分做兩筆，骨簽以一筆圓弧帶出。 收：骨簽出鋒的書寫表現類似毛筆。
丞		02534	入：骨簽如毛筆起筆後順勢帶出筆畫。 行：骨簽行筆較爲輕盈、富提按。 轉：骨簽轉折以 z 字形表現連續橫畫。 收：骨簽出鋒的書寫表現類似毛筆。
嗇		00667	入：骨簽如毛筆起筆後順勢帶出筆畫。 行：骨簽行筆較爲輕盈、富提按。 轉：漢金文轉折分做兩筆，骨簽以一筆畫帶出。 收：骨簽出鋒的書寫表現類似毛筆。
夫		00335	入：骨簽如毛筆起筆後順勢帶出筆畫。 行：骨簽行筆較爲輕盈、富提按。 轉：骨簽轉折以 z 字形表現連續橫畫。 收：骨簽出鋒的書寫表現類似毛筆。

（三）與西漢墨跡比較

西漢《居延漢簡》爲西漢墨跡中草書代表，用筆上仍保留隸書的波挑用筆，但筆法、結字皆成熟，具一定的系統化。毛筆的彈性特徵在筆勢上展露無疑，骨簽以刀筆而成，難以在物理特性上如毛筆有較大程度的粗細提按差異，轉折處難以如掌握毛筆以圓弧形一次轉出，必須分爲兩筆書寫。但不難發現仍可在骨簽的用刀當中，契刻者掌握一定的毛筆技巧，表現在硬筆契刻之上，展現骨簽在起、收的表情，筆者認爲骨簽異於其他硬筆書法，其契刻狀態更近似于毛筆。

圖表 5-2-3　骨簽與居延漢簡在鋒口表現的差異分析表

字例	居延	骨簽	說　明
官		13959	入：骨簽如毛筆起筆順勢帶出。 行：骨簽契刻在骨片上，行筆中段線條兩側更具變化。 轉：骨簽轉折處的表現方法，可分為一筆圓弧帶出，與分為兩筆表現轉折。 收：骨簽出鋒書寫表現類似毛筆。
甲		00234	入：骨簽如毛筆起筆順勢帶出。 行：骨簽契刻在骨片上，行筆中段線條兩側更具變化。 轉：骨簽轉折處分為兩筆轉折。 收：骨簽出鋒書寫表現類似毛筆。
獲／護		13274	入：骨簽如毛筆起筆順勢帶出。 行：骨簽契刻在骨片上，行筆中段線條兩側更具變化。 轉：居延的轉筆圓弧表現，骨簽亦有類似的書寫表現。 收：骨簽出鋒書寫表現類似毛筆。
關		11919	入：骨簽如毛筆起筆順勢帶出。 行：骨簽契刻在骨片上，行筆中段線條兩側更具變化。 轉：骨簽轉折處分為兩筆轉折。 收：骨簽出鋒書寫表現類似毛筆。
年		00667	入：骨簽如毛筆起筆順勢帶出。 行：骨簽契刻在骨片上，行筆中段線條兩側更具變化。 收：骨簽出鋒書寫表現類似毛筆。
河		13601	入：骨簽如毛筆起筆順勢帶出。 行：骨簽契刻在骨片上，行筆中段線條兩側更具變化。 轉：骨簽轉折處的表現方法，可分為一筆圓弧帶出，與分為兩筆表現轉折。 收：骨簽出鋒書寫表現類似毛筆。

整體而言，骨簽與居延漢簡在字形寫法上的類同，可以清楚看出骨簽書手在契刻的狀態與毛筆書寫情形有類同之處。換言之，兩者的起、收筆畫處理有相通之處：

「起」：起筆處的書寫特性，持硬筆表現線條中「面」的體積感，具毛筆在的三維空間意識。

「行」：骨簽因載體特性，契刻時線條兩側質感多變，隨著力道的提按變化，在單字中的線條粗細生動自然，同時表現毛筆可輕重變化的書寫特色，也因自身載體特性，表現線條兩側變化的特性。

「轉」：骨簽轉折處的表現方法，可分為一筆圓弧帶出，與分為兩筆表現轉折。

「收」：收筆處骨簽有時自然撇出、有時以隸書特徵作燕尾狀拉出，在同屬硬筆書法中（秦陶文、漢金文等）具有特色。

由起、行、轉、收四方面分析骨簽與硬筆、毛筆書法在書寫狀態的異同，可知骨簽書法的契刻意識確實如毛筆的書寫意識、在挑撇處能自然書寫拉出、在波挑處亦如毛筆書寫的溫潤緩和，由此可知骨簽的單刀契刻，在書寫意識上實為刀筆相生。

第三節　骨簽於篆刻創作觀

用筆如刀、用刀如筆，刀筆相生相成的概念，以往的討論較為偏頗，多數論述在於筆對刀的影響，而少談論刀對筆的反映。而這些強調碑學美感的書法家們，如鄧石如、吳大澂、黃牧甫、趙之謙、吳昌碩等人的書、畫、印皆擅，隨著地下出土文物有豐富收獲，漸漸擴充過往未能展開討論的書跡，也將他們的思想表現在印石之上。

一、金石學對書法線條影響的再論

清代是篆刻美學面貌開展的重要時刻，提出了「以印入印」、「以書入印」、「印外求印」等思想觀點，而刻寫的書法與篆刻中的書寫性兩者間的關係是此章筆者所思索的課題。若以篆刻的角度來看骨簽的書與刻來進行發想，對照篆刻美學，則又有不同的意義產生。

（一）「印中求印」、「以書入印」、「印外求印」的發展

篆刻的發展從清代丁敬開始，在審美的領域中不斷開展邊界，「印中求

印」是這浙派的中心思想，既推崇漢印的審美法度，以丁敬所代表的浙派，屬於漢印的基礎，一方面也努力突破漢印審美領域，企圖開拓多元的審美取向，丁敬廣泛的將六朝、唐、宋印趣味入印，有意識的將過往篆刻的美學格局內所貶低的風格挪爲開拓自己獨特的風格。丁敬的弟子張燕昌亦延續這種開拓精神，將其在金石學中所獲的意趣入印，曾以唐、宋飛白書入印等等，這類大膽的探索，是否具有美感尚可以討論，但這樣有所本的意識性開拓，有其重要的價值。

另一方面，浙派所強調美學思想的尚有「不計工拙」之說，印人治印如寫意畫家作畫，要隨意而施，不以刻劃爲工，刻意則徒顯匠氣。其時正是揚州八怪的寫意畫風盛行之時，丁敬深受其影響，萌發在印章上的審美取向追求放任不羈，在古人趣味上，以心爲造、則姿態橫生。

我們可從丁敬爲首的浙派篆刻美學，發現其審美的最高原則爲追求歷代印人未竟之風格，在漢印基礎中大膽取用六朝、唐、宋印風格，甚至於飛白書入印，而又追求脫離匠氣、生動自然的自然印風。

與浙派相對以鄧石如爲首的皖派，後人整理出以書法的感悟，形成個人風格特徵的篆書入印，由此形成新的具個性的印風，提出「以書入印」之論點，此一實踐，讓後世更多書法家的參與，對篆刻風格面貌的發展有了莫大影響，深入挖掘書法與印章的內蘊關係，書印合一是皖派最中心的思想。然而眞正書印合一、印從書出的理論是由魏稼孫所提出，其印從書出論在實質意義上成爲後世書法家取用其自身書法的特色入印的一個根脈。

如果說清乾嘉碑派書法思想刺激了「印從書出」，「印外求印」論的出現則是在這基礎上，清中葉以來出土文物數量大增，書人印人莫不受到出土文物的書法衝擊，對碑版、金文、陶文的消化再創造的篆刻思潮，趙之謙是此實踐的開拓者。

> 趙之謙在其論印文字和印款中，首次提出了「印內」和「印外」這兩個概念。《苦兼室論印》曾記載他的這種觀點。曰：刻印以漢爲大宗，胸有數百顆漢印則動手自遠凡俗。然後功力所至，觸類旁通，上追鍾鼎法物，下及碑額、造像，迄於山川花鳥，一時一事覺無非印中旨趣，乃爲妙悟。又云：印以內，爲規矩，印以外爲巧。規矩之用熟，則巧生焉。〔註12〕

〔註12〕黃惇，《中國古代印論史》（上海，上海書畫出版社，1997），頁269。

從趙之謙的思想中可明白看出「印內」指的是漢印，認爲印章的規矩、印人的功力構築於熟悉漢印的基礎，才可能觸類旁通，悟「印外」之印。「印外」所意涵的層面是文學性、美學性的，上追鍾鼎法物，下及碑額、造像，從青銅器到碑石等不同時代、不同文字、不同書寫載體皆可爲印所用，甚至「迄於山川花鳥，一時一事覺無非印中旨趣」，趙之謙將印外之物皆可轉化爲印中旨趣。印外求印的美學思想是落實在印中求印的古典根基，參入「外師造化、中得心源」，是趙之謙的存世印章留給後人的啓發與美學闡釋。深受影響者有吳昌碩、黃牧甫，吳昌碩凸顯了對「蒼渾美」的愛好，對磚、瓦、封泥、漢碑額等書跡美的消化，追求「雄渾」、「古茂」、「渾穆」之美。黃牧甫則著重於金文中「秀潤」、「瘦挺」、「光潔」的特點，開創其「金石味」的追求。

印內、印外的論點爲一個晚清以來有志於自身書法的追求及美學，透過印章的特殊排列形式，實爲印內印外鎔鑄爲思想的整體，對於晚清諸家帶起印外求印意識的近代，黃惇認爲有些現象值得省思。黃惇認爲近三十年來，出土文物大量被挖掘出土，意味著諸多未曾被書法家所詮釋文字風格大量出土，引起許多想突破窠臼的書法面貌的人新奇嘗試，此風氣亦延伸到篆刻。然而篆刻對於印章自身形式的美學與脈絡沒有一定程度理解與吸收之下，造成「只能認爲他們在印面上刻字，而不是刻印。」

這句話我們可以解讀出幾個意思，一爲印章在篆刻範圍的討論，「印內」的法度爲往後「印外」形式風格發展的基礎，二爲刻字與刻印的差異需仔細討論，若將出土文字的墨跡，單純的刻出來，那不是有意義的刻印，單純爲刻出墨跡的字形罷了。

將墨跡的字形、粗細、用筆刻出來，指稱這樣的結果爲「印外」的實踐，確實粗糙且不妥。筆者持此論點，進一步審視骨簽書法刀筆相生的性質，骨簽在起、收筆與毛筆的書寫狀態相似，線條兩側具有契刻的刀感，字形處理的文字形體變化，夾雜了篆、隸、草、楷的局部特徵可以取材應用，又在工具上與篆刻使用的刀具同爲「硬碰硬」－硬筆刻製在堅硬的器物載體上，有其處理部件及筆畫的特徵，筆者認爲骨簽在「印外」的發展當中，實有其特別之處。

（二）骨簽書法與「印內」、「印外」的實踐

延續「印內」、「印外」兩端的審美思維，骨簽的書法是書寫性與刻鑿性

並存的藝術表現，刀筆相生。筆者以自身對篆刻學習的心得，以印內來說，筆者仍熟知漢印平正的協調感，參化骨簽書法特徵，不因漢印追求平正而使字形呈格狀的限制字形伸張，更擴大的來說，骨簽的契刻形式有書寫的流動感，對印內的平正審美趣味大不相同，若能領會流動當中的平正感，筆者相信對印內所追求平正當中的秩序感可帶來篆刻創作的嶄新詮釋。以印外角度來看，從殷商甲骨文字使用契刻手法記錄文字開始，秦、漢兩代在契刻的表現上，從陶文、湖南出土的滑石印、東漢刑徒磚上皆可見契刻書寫行為的流變過程，因文字演變與書寫筆畫的意識改變，從書法的角度來看契刻行為在時間軸發展之下已有相當程度的不同，卻少有創作者或學者從契刻用刀如用筆的思考，骨簽的出土，書寫於骨片紋理上的文字，其對篆刻所可供借鑑的是草化帶動的非固定字體與契刻用刀如筆的方法，筆者以這樣的理解實踐幾方印例，備於附錄當中做一對照參考。

第六章　結　論

第一節　字體演變與書寫意識

一、草化書寫帶動字體演變

　　骨簽傳承秦系文字體系，一方面結體仍有篆書結構，另一方面隸勢已備，橫畫的波勢在字裡行間皆可看到其氣息，保留篆書結構的同時，圓轉便爲方折的用筆特色也清晰可見，爲篆隸過渡的典型特徵，而字體演變的動力是來自草化書寫，在草化書寫的軌跡過程，則是字體演變的過渡時期。

　　人類書寫的自然現象，常爲追求簡易、快速的目的下，在仍可識讀的基本條件下，在筆畫或部件的省略書寫而成，而這樣的省略書寫逐漸「約定俗成」、衍化，帶動了初期草書。此過程並非在同時程、各地區寫法齊一，是在個別文字中各自發展，混雜在篆隸文字中偶見，由不同類型的部首、偏旁、局部寫法等等，交互參用的統和過程中而來。

　　草化的情形是夾雜在篆、隸字體中，「草篆」與「草隸」的說法也就因此產生，說法眾多，整體而言，字體演變的實際樣貌，若將文字裝飾化的「藝術表現」視爲演變的實際樣貌軌跡，則不免本末倒置。草化書寫帶動字體演變，而拖離不開文字的可辨性，在逐漸約定俗成的字相上，進行筆畫的審美化，進而成爲新字體，再由書法家的詮釋、教育、推廣而成爲字體的風格。

　　骨簽書法存在著多樣的書寫風格，記錄時間從西漢初期至晚期，非一時一人之手，視其書手學養、情性分別，字相的規整也有不同程度反映，文字介於篆、隸、草之間，也有不同程度省略部件的情形。草化與草書仍有相當

大的差異，「草書」的演化形成，來自於對字形的「草率書寫」，「草化」指的
則是其變遷的過程。草率書寫的篆、隸書，在文字結構上並不有明顯影響，
而草化程度的多寡改變了字體的原本結構。結體的草化程度多寡可作爲不同
階段的判別標準。

二、草－隸－楷爲共生系統

　　骨簽處於書法字體仍爲歸納出個別字體特有的筆法、章法、美感形式具
體分析化之前的字體演進期，其基本字形結構現今來看屬隸書風格，有些結
體寬扁、用筆穩健，有些夾雜草率書寫、結體方正，在筆法上更爲早期楷書
的濫觴。其隸書草化的特徵與墨跡有多處有其暗合之處。可有筆畫的簡省、
部件的位置變化，使用連筆等。當時的日常書寫潦草簡率是普遍現象，但未
必成爲後世襲用的草法。

　　草化爲帶動字體演變的動力，筆者經由從骨簽「連筆」、「簡化」、「省形」
分析之後，骨簽的草化意識屬「隸行」，即「隸書的行書化」。換句話說，如
今日正楷的字形結構，在日常自然書寫時而出現省略少數筆畫、或是將某些
構件依自己書寫習慣而未如正楷規整寫法。主要特徵出現在筆畫數的減省，
其程度不一，在傳統字型的基礎上進行刪簡筆畫，或省去字形的某一部分，
而「省形」將筆畫書寫的筆畫數簡省，其結果必然加速草化，「簡化」的特徵
與「省形」類似，單字的結構亦不固定及部件寫法的改變，已符號性的結體
並爲後世成熟的草書所沿用。

　　而隸書草化書寫所帶出的草書成熟前，又與後世楷書筆法有了連合之
處，骨簽雖在字形上仍與楷書形體相差頗大，但考察其「橫畫」、「豎畫」、「撇
畫」、「捺畫」、「轉折」等筆畫特徵，可知已有許多書寫習慣與往後楷書暗合，
故本論文所述的骨簽，學者們普遍將其視爲草率書寫，而非是爲書法表現，
透過筆畫特徵的考察，筆者認爲實需將其視爲「書法」藝術領域的發展脈絡
加以探討。

三、「前筆法」、「前章法」——具審美意識筆法與章法前的孕育
　　　階段

　　骨簽亦爲記錄當時文字真實樣貌的重要考古文物，所謂「物勒工名，以
記其誠」，骨簽書寫意識爲的是便於問責，而非有意美化文字，時見簡率流暢

的筆意，與墨跡書寫的意識極爲類同，這樣的文字書寫，在今日看來意外的生動活潑，究其原因，隨字體發展高度審美且具成熟筆法與章法前，必然在書寫行爲有長時間的演進，骨簽上的書法，是可被教育、傳授且有高度審美意識的筆法與章法的「前筆法」與「前章法」，有其看似無法而有法的曖昧性與活潑可變性，而骨簽因書寫工具的物理因素，在某些單字寫法上便利書寫而有幾何造型，此特點也常出現在契刻或印石之中，皆是其珍貴藝術價值所在。

第二節　骨簽刀筆相生於篆刻創作觀

一、骨簽爲刀筆相生的硬筆書法

前筆法的理解，是將書寫的整體表現加以規整化的筆法被歸納前的發展，而與隨意刻寫又有不同層次的區分，以筆者在第五章所舉例的骨簽與其他秦漢契刻的單刀書法表現比較可知，可以清楚看出骨簽書手在契刻的狀態與毛筆書寫情形有類同之處。換言之，骨簽與毛筆在筆畫處理的書寫意識上是接近一致的。

「起」：在筆法分析的章節中，得到骨簽書手於起筆處的書寫意識，與毛筆圓錐體進入平面時，需寫出「面」使線條有面積感的書寫意識相同。

「行」：此點與紙張竹帛爲書寫載體特性不同，是硬筆書法的特有性質，硬筆書法通常屬於「硬碰硬」的特性，故硬筆在書寫時，載體會隨提按輕重而粗細變化，又常伴隨著崩裂或一邊光潔一邊崩裂的線條兩側變化效果，觀察骨簽圖版可得知，書寫意識仍與毛筆書法相似，並無刻意追求這樣的線條變化「效果」，而是物理特性自然表現。

「轉」：骨簽轉折處的表現方法，可分爲一筆圓弧帶出，與分爲兩筆表現轉折。一筆圓弧爲毛筆在因簡便快速書寫時的自然情狀，觀察骨簽圖版，骨簽書手在轉折處以一筆圓弧書寫的氣息與用筆方法，與毛筆的書寫意識實屬相同。

「收」：骨簽有時自然撇出、有時以隸書特徵作燕尾狀拉出，其他單刀契

刻的硬筆書法中頗爲少見，應爲書手情性不同所致。收筆是書寫
工具隨著筆畫完成將要從載體離開的動作，在此耐人尋味的是，
骨簽的書寫範圍非常小，近乎微雕的文字契刻當中，要以雁尾狀
拉出，筆者認爲骨簽書手有相當卓越的書寫技巧。

　　而因載體的物理特性使然，若想在骨片上使線條超越工具所能表現的粗
細或跳躍提按，以單刀契刻的範疇實屬難事，此點是骨簽在筆畫表現與毛筆
最大的差異所在。

二、契刻與篆刻的詮釋可能

　　由骨簽因草化而產生字體過渡所呈現的多樣豐富性，再以刀筆相生的角
度檢視其契刻與書寫的表現，進而討論篆刻的創作觀，是筆者在本論的最後
進一步擴展骨簽藝術價值領域的嘗試，筆者如同其他篆刻愛好者一樣，於篆
刻學習的起點先從漢印謬篆的朱白平正分佈開始摸索，而清代作爲篆刻藝術
相當活絡的時代，諸多名家輩出，其中不乏有對「刀感」多加討論的浙派，
及對「書法」入印、將書法與篆刻做思考結合的「皖派」，這些名家所突破的
點，筆者認爲皆建立在漢印平正分布的基礎點上，上追戰國古璽、或沿著秦
漢代文物的考證進而轉化爲篆刻創作所用，如金文、瓦當、封泥、磚瓦、鏡
銘等等。

　　再論金文、瓦當、封泥、磚瓦、鏡銘對清代篆刻名家的影響，文字形體
寫法是較具裝飾性質的，也因這樣使得篆刻有了「刀法」、「字法」、「章法」
等許多形式的討論，使得今人可以從其細項加以拓展延伸。而本論將骨簽視
爲契刻意識同毛筆意識的硬筆書法，又因筆者對「以書入印」的時下觀點與
清代所構築的意識有所不同，而試圖透過骨簽文字研究、筆法、章法等等研
究以供日後「以書入印」的詮釋可能。

　　單刀書法，以書寫動作而言，即爲契刻。可見的資料除了以單刀刻寫在
骨片上的甲骨文、近年來陶磚上有「秦陶文」、「東漢刑徒磚」、「買賣地契」
的新出土書跡，印章則有「湖南長沙滑石印」、「將軍印」等等，皆爲過往不
被重視但深具藝術價值的寶貴文物，筆者仍不斷在收集資料，盼以藝術思考
的角度、嚴謹的爬梳文字背景與技法概念的嘗試過程中持續創作。

參考書目

一、專　書

1. 陸錫興，《漢代簡牘草字編》（上海，上海書畫出版社，1989）
2. 裘錫圭，《說字小說》，《古文字論集》（北京，中華書局，1992）
3. 黃惇，《中國古代印論史》（上海，上海書畫出版社，1997）
4. 何琳儀，《戰國古文字典──戰國文字聲系》（北京，中華書局，1998）
5. 《歷代書法論文選》（上海，上海書畫出版社，2004）
6. 邱振中，《筆法與章法》（上海，上海書畫出版社，2005）
7. 李正宇，《敦煌遺書硬筆書法研究──兼論中國書法史觀的革新》（臺北，新文豐出版社，2005）
8. 李正宇，《敦煌古代硬筆書法》（蘭州，甘肅人民出版社，2007）
9. 華人德，《中國書法史──兩漢卷》（南京，江蘇教育出版社，2009）
10. 《書譜──骨簽專輯》第 102 期（香港，香港書譜出版社，2010）
11. 刑義田，《地不愛寶》（北京，中華書局，2011）
12. 鄭培亮，《一筆一畫──關於隸書的書寫狀態》（北京，榮寶齋出版社，2011）
13. 王曉光，《新出漢晉簡牘及書刻研究》（北京，榮寶齋出版社，2013）

二、期　刊

1. 林進忠，〈古代文字書法製作背景的綜合研究例〉，《1993 年書法論文集》（臺北，中華民國書法教育學會出版，1993）
2. 李毓芳，〈略論漢長安城三號建築與漢代骨簽〉，《文博》（陝西，文博雜

誌出版社，1993）

3. 趙化成，〈未央宮三號建築與骨簽性質初探〉，中國文物報，1995 年

4. 劉慶柱，〈漢長安城未央宮 1980～1989 年考古發掘報告〉（北京，中國大百科全書出版社，1996）

5. 李均明，〈漢長安城未央宮遺址出土骨簽瑣議〉，《臺大歷史學報》第 23 期（臺北，臺灣大學歷史系，1999）

6. 吳榮曾，〈西漢骨簽中所見的工官〉，《考古》第九期（北京，中國社會科學院考古研究所，2000 年）

7. 林進忠，〈西漢草書源起發展的考察〉，《藝術學報》第七十一期（臺北，台灣藝術大學出版編輯委員會，2002）

8. 林進忠，〈玉門花海出土漢簡的書法考察〉，《藝術學報》第七十三期（臺北，台灣藝術大學出版編輯委員會，2003）

9. 劉國能，〈我國最早的專門檔案檔庫——漢代骨簽檔案館庫〉，《中國檔案》，（北京，中國檔案雜誌社，2007 年）

10. 黃惇，〈印外求印與當代篆刻〉，《現代書畫藝術風格發展國際學術研討會》（臺北，台灣藝術大學，2009）

11. 小原俊樹，〈漢長安城骨簽書法的研究〉，《書譜》第 102 期，（香港，香港書譜出版社，2010）

12. 劉振東、張建鋒，〈西漢骨簽的幾個問題〉，《考古與文物》，2006 年

13. 于志勇，〈長安城未央宮遺址出土骨簽之名物考〉，《考古與文物》，2007 年

14. 張戈，〈漢長安城骨簽校注〉碩士學位論文（北京，首都師範大學，2012）

15. 陳斌與陳慧，〈邯鄲市博物館徵集的漢代骨簽〉，《文物春秋》（河北，文物春秋出版社，2012 年）

16. 高杰，〈從漢長安城未央宮骨簽看河南工官的設置〉，《華夏考古》第 4 期（鄭州，河南考古所，2013）

17. 盧烈炎，〈漢長安城未央宮出土骨簽初步研究〉學位論文（西安，西北大學，2013）

18. 于淼，〈漢長安城未央宮骨簽釋文訂補——以人物繫聯方式爲中心〉，《簡帛》第十輯（上海，上海古籍出版社，2015）

三、圖錄、工具書

1. 孫慰祖，《秦漢金文彙編》（上海，上海書畫出版社，1997）

2. 《よみがえる漢王朝——2000 年の時をこえて》，大阪市立美術館・讀賣新聞大阪本社，1999。

3. 《中國古代銘刻文物》，湖南省博物館・香港中文大學文物館，2001。

4. 西林昭一，《中國新發現的書蹟》（臺北，蕙風堂，2003）

5. 袁仲一・劉鈺，《秦陶文新編》（北京，文物出版社，2009）